인생의 절반쯤 왔을 때 읽어야 할

손자병법

KB139364

인생의
절반쯤 왔을때
읽어야할

처세의 어려움을 알 때면
손자병법이 들린다

손자병법

손무 지음 | 박훈 옮김

탐나는책

　고대 중국의 병법서로 현존하는 판본인 『손자병법』은 춘추전국시
대에 부국강병을 위해 효율적이고 논리적인 교육을 통하여 훈육함으
로써 체계가 갖추어진 군대로 조직화하는 데 길잡이 역할을 하였다.

　2,500년이 지난 오늘에 이르러서는 다양한 병법을 통하여 여러 가
지 교훈을 전달하고 복잡한 사회 속에서 슬기로운 지혜를 갖고 현명
하게 살아가는 방법과 새롭게 나아갈 방향을 제시해 주는 귀중한 책
이라 하겠다.

　『손자병법』을 시공을 초월한 전쟁론의 고전이라 칭하는 것은 춘추
전국시대, 수많은 나라들의 패권 다툼 속에 비단 효율적이고 절대적
인 승리만을 향한, 말 그대로의 병법이 아니라 백성을 생각하고, 인간
을 생각한 마음에 기초한 전쟁의 본질과 최소한의 싸움을 끌어내기
때문일 것이다. 이것이 현대 사회에 이르러는 유능한 리더로서의 자
질과 진정한 승자의 자세를 가르치며, 위기를 현명하게 극복하기 위
해서 갖춰야 할 덕목을 배울 수 있음으로 귀결되는 것이다.

　중국 공산당의 지도자였던 마오쩌둥은 죽을 때까지 늘 침상 머리

맡에 『손자병법』을 두고 자기를 다스리고 훈육하는 데 참고서로 사용하였다고 했으며, 빌 게이츠는 오늘날의 자신을 있게 하는 데 『손자병법』이 많은 영향을 주었다고 말했다. 이를 통해 현대를 살아가고 있는 우리들의 삶 역시 날마다 보이지 않는 격전이 일어나는 전쟁터와 크게 다르지 않으며, 무한경쟁 시대의 오늘날 성공을 바라는 모든 사람들에게 다시 한 번 승리의 전략을 세우게 하는 토대가 되리라 생각한다.

　『손자병법』이 담고 있는 지혜와 지식, 현명한 판단과 인식, 직관력을 겸비한 통찰의 내용이 이 책을 읽는 독자들에게 폭 넓은 일상의 척도를 세우고 발전적인 삶을 이끄는 기폭제가 되었으면 하는 바람이다.

옮긴이 박훈

제1편

시계始計

이 편은 「계計」 또는 「시계始計」라고 한다.
'시계'란 최초의 근본적인 계획이란 뜻으로,
나라의 운명을 결정짓는 전쟁을 일으키기 전에
승패의 토대가 되는 근본정책이나 검토해야 할 계획을 말한다.
더불어 전쟁이 국가와 백성들에게 미치는 영향을 생각하며,
함부로 무모한 전쟁을 벌여서는 안 된다는 엄중한 경계를 담고 있다.

始計

전쟁에 신중해야 하는 이유

孫子曰 兵者는 國之大事라
손 자 왈 병 자   국 지 대 사

死生之地며 存亡之道니 不可不察也라
사 생 지 지   존 망 지 도   불 가 불 찰 야

손자가 말하였다.

전쟁이란 나라의 중대한 일이다. 백성들의 삶과 죽음을 판가름하는 마당이며, 나라의 보존과 멸망을 결정짓는 길이니 신중하게 살피지 않을 수 없다.

해설

전쟁은 나라의 존망과 국민의 생사가 달린 중대한 일이다. 따라서 위정자는 이를 신중히 살펴야 한다. 동서고금을 막론하고 무모하게 전쟁을 일으켜 국토가 파괴되고, 백성을 살상과 굶주림의 생지옥으로 몰고 간 위정자들은 무수히 많다.

예컨대 춘추전국시대의 임금들이나 17, 18세기 유럽의 군주들은 자신들의 공명심을 채우기 위해 전쟁을 일삼았다. 역사가들은 이와 같은 작태를 '왕들의 스포츠'로 풍자하였다. 그러므로 전쟁문제는 늘 신중하게 검토해야 한다는 말에는 천금의 무게가 실려 있는 것이다.

전쟁에 앞서 헤아려야 할 것

故로 經之以五事하고 校之以七計하여 而索其情하나니라
고   경 지 이 오 사   교 지 이 칠 계   이 색 기 정

一曰道요 二曰天이요 三曰地요 四曰將이요 五曰法이라
일 왈 도   이 왈 천   삼 왈 지   사 왈 장   오 왈 법

그러므로 전쟁을 강행함에 있어서는 다섯 가지 항목으로써 기준을
삼고, 일곱 가지 계책으로써 적과의 정세를 비교해 실정을 탐색해야
한다. 다섯 가지 항목이란 첫째는 도道요, 둘째는 하늘이요, 셋째는 땅
이요, 넷째는 장수요, 다섯째는 법제이다.

해설

손무는 싸우기 전에 반드시 다섯 가지 항목과 일곱 가지 계책으로써 나와 상대방의
전쟁 수행 능력을 비교해야 함을 말하고 있다.
먼저 생각해야 할 것은 도의·도덕이다. 둘째는 하늘의 기상이고, 셋째는 지리적 조
건의 이로움이다. 넷째는 통솔하는 총지휘관을 선정하는 것이고, 다섯째는 법제·조
직·규율이다. 유능한 장군의 화려한 승전에는 늘 이런 것이 뒷받침되었던 것이다.

군주와 백성의 뜻이 하나 되게 하라

道者는 令民與上同意也니라
도 자   영 민 여 상 동 의 야

故로 可與之死하고 可與之生하여 而民不畏危也라
고   가 여 지 사   가 여 지 생   이 민 불 외 위 야

도道란 백성들로 하여금 군주와 뜻을 함께 하게 하는 것이다. 그러므로 군주를 따라 죽을 수도 있고 살 수도 있는 각오로 백성이 위태로움을 두려워하지 않는 것이다.

해설

백성들로 하여금 군주를 위해 목숨을 바칠 수 있게 하기 위해서는 평소 그 군주의 정치가 공명정대해야 한다. 공을 세운 사람에게는 반드시 포상을 하고, 법을 어긴 자에게는 반드시 처벌이 따라야 한다. 또한 능력에 의해 인재를 등용하며, 만사를 잘 가려 그 근본을 다스려야 한다. 거짓을 버리고 진실을 밝히며 예의로써 백성을 대할 때 비로소 군주와 백성이 뜻을 함께할 수 있으며, 이에 백성들은 공동운명체에 대한 소속감으로 기꺼이 죽음과 위험을 무릅쓰고 싸움터로 달려나가는 것이다.

날씨와 기상의 변화를 파악하라

天者는 陰陽寒暑時制也니라
천 자　음 양 한 서 시 제 야

하늘이란 흐림과 맑음, 추위와 더위 같은, 계절과 기상의 변화에 따른 자연현상 전체를 가리키는 것이다.

해설

역사 속에서 전쟁을 승리로 이끈 명장들은 모두 기후와 날씨를 전투에 유리하게 이용할 줄 알았다. 특히 화공법의 경우는 바람을 잘 타야 하는데, 바람의 방향을 잘못 잡아 역풍이 불게 되면 불길이 되려 아군을 집어삼킬 수도 있다. 그러므로 유능한 장수는 날씨와 기상의 변화를 정확히 알아야 한다.

지리를 활용하라

地者는 遠近險易廣狹死生也니라
지 자 원근험이광협사생야

땅이란 먼 곳과 가까운 곳, 험한 곳과 평탄한 곳, 넓은 곳과 좁은 곳,
죽을 곳과 살 곳 등을 말한다.

해설

장수는 멀고 가까운 거리의 문제, 험하고 평탄한 형세의 문제, 많은 군사들의 이동이
가능할 만큼 넓은가 좁은가의 문제, 더 이상 물러날 데가 없는 사지死地인가, 살아날
방도가 있는 곳인가 등의 지리적 문제를 잘 파악해야 한다. 땅의 지리적인 이점과 불
리한 점을 정확히 알고 있으면 전진할 곳과 퇴로의 계획도 세울 수 있기 때문에 군
사들의 피해를 최소화하면서 승리를 쟁취할 수 있다. 그러기 위해서는 지리적 지식
으로만 끝나서는 안 되고, 이를 활용하여 승리로 이끌 수 있는 전술을 펼치는 것이
중요하다. 다시 말해 훌륭한 장수는 지식적인 부분 외에도 땅에 대처하는 육감이 있
어야 한다.

장수가 갖추어야 할 다섯 가지 덕목

將者는 智信仁勇嚴也니라
장 자　　지 신 인 용 엄 야

장수는 지혜, 신의, 인자함, 용기, 엄정함의 다섯 가지 덕목을 갖추어
야 한다.

해설

장수가 갖추어야 할 다섯 가지 덕목에 대해 말하고 있다. 그중 첫째는 지혜이다. 이
는 전쟁의 본질이 군사들의 몸싸움이라기보다는 장수의 두뇌싸움이기 때문이다. 둘
째는 신의이다. 신의를 저버리는 장수는 그 누구의 신뢰와 협조도 얻지 못하게 될 것이
다. 셋째는 인자함이다. 장수가 평소 군사들에게 인간적인 배려를 아끼지 않을 때
그들도 싸움터에서 죽음을 각오하고 싸움으로써 그 보답을 하게 되는 것이다. 넷째
는 용기이다. 장수는 불리한 환경에서도 용감히 싸워야 한다. 그러나 자신의 용맹만
믿는 저돌적인 장수에게는 큰일을 맡길 수 없을 것이다. 용맹만을 무기 삼아 경솔하
게 싸우는 자는 적의 계략에 말려들기 십상이다. 다섯째는 엄정함이다. 장수는 엄격
하고 공정하게 부하를 통솔해야 한다. 장수가 부하들에게 베풀기만 하고 엄정하지
못하면 이는 버릇없는 자식이 어버이의 은덕을 모르는 것과 같게 된다. 따라서 명령
을 어기는 자에 대해서는 엄하게 처벌하여 군기를 바로잡아야 한다. 손무는 이 문장
을 통해 진정한 장수로 서는 일은 아무나 할 수 있는 것이 아님을 강조하고 있다.

군대는 체제를 갖추어야 한다

法者는 曲制官道主用也니라
법 자   곡 제 관 도 주 용 야

법제란 군대의 조직과 편제 단위, 벼슬 및 계급 체계와 직무의 합리적인 배분, 식량 등 군수물자의 조달과 공급에 관한 업무를 말한다.

해설

여기에서 말하는 법이란 단순히 군법만을 의미하는 것이 아니다. 법제를 오늘날의 기업체에 비유해서 말하면 효율을 위해 나눈 조직과도 같다. 분명하고 합리적으로 갖춰진 조직이 활성화되면 그 기업체는 계속 성장해나갈 수 있다. 조직을 너무 많이 세분화시키면 결제 단계가 많아짐에 따라 업무를 신속하게 추진할 수가 없게 되며, 여러 단계를 거치는 동안 책임의 소재가 애매모호하게 되는 경우도 생긴다. 군대 조직에서도 마찬가지이다. 또한 전쟁을 치름에 있어 식량 등 군수물자의 원활한 조달과 공급은 두말할 것도 없을 것이다.

장수의 덕목을 아는 것으로 그치지 말고 갖추라

凡此五者는 狀莫不聞하나니
범 차 오 자   장 막 불 문

知之者는 勝하고 不知者는 不勝이니라
지 지 자   승   부 지 자   불 승

무릇 이 다섯 가지 항목에 대해서는 장수라면 듣지 못한 이가 없을 것이다. 이를 제대로 이해하는 자는 승리할 것이고, 이해하지 못하는 자는 승리하지 못할 것이다.

해설

앞의 다섯 가지 항목, 도를 지니고, 하늘과 땅을 알며, 장수의 덕목을 갖추고 법제를 효율적으로 활용하는 것에 대해 알고 있는 장수라 하더라도 이를 제대로 이해하고 실전에 응용한다는 것은 결코 쉬운 일이 아니다. 싸움터에는 그만큼 변수가 많기 때문이다. 따라서 평소 병서를 많이 읽어 이론에 통달했다고 자부하는 장수도 막상 실전에서는 참패를 당한 예가 많은 것이다. 그러므로 위정자는 탁상의 전술과 함께 실전을 감당할 인재를 가리는 안목을 갖추어야 할 것이다.

전쟁의 승패를 가늠하는 것

故로 校之以七計하여 而素其情이니라
고   교지이칠계   이 색 기 정

曰 主孰有道아 將孰有能아 天地孰得아
왈 주 숙 유 도   장 숙 유 능   천 지 숙 득

法令孰行아 兵衆孰強아 士卒孰練아 賞罰孰明아
법 령 숙 행   병 중 숙 강   사 졸 숙 련   상 벌 숙 명

吾以此로 知勝負矣니라
오 이 차   지 승 부 의

그러므로 적군과 아군을 일곱 가지 계책으로 비교하면서 그 실정을
탐색하는 것이다.
첫째, 군주 중에 누가 도를 갖추었는가?
둘째, 장수의 지휘는 어느 편이 더 유능한가?
셋째, 기후와 지리 조건은 어느 편에게 더 유리한가?
넷째, 법령은 어느 편이 더 엄격하고 공정하게 시행되는가?
다섯째, 병력과 무기는 어느 편이 더 강한가?
여섯째, 군사의 훈련은 어느 편이 더 잘되어 있는가?
일곱째, 상과 벌은 어느 편이 더 공정하고 분명하게 시행되는가?
나는 이런 것에 의거해 이기고 지는 것을 아는 것이다.

손무는 적군과 아군의 전력을 일곱 가지 계책으로 비교해 보면 싸우기 전에 미리 승패를 알 수 있다고 말한다.

첫째, 군주의 정치에 대한 것이다. 근대적 의미의 총력전 이전에도 전쟁은 백성들의 자발적인 협력 없이는 이길 수 없었다. 따라서 평소에 선정을 베풀어 민심을 얻고 있는 측이 전쟁 수행에 유리한 것이다. 둘째, 장수의 능력은 승패를 직접 판가름하는 열쇠가 된다. 예컨대 남송의 명장 악비岳飛는 금나라 군대와 크고 작은 전투를 백 번 치러 단 한 번도 진 적이 없었다. 그래서 금나라 군사들은 산을 움직이기는 쉬워도 악비의 군대를 움직이기는 어렵다고 하였다. 악비가 간신 진회秦檜에 의해 감옥에서 피살되자 금나라 군사들은 술을 마시며 좋아했다고 한다. 셋째, 기후와 지형적인 조건도 전쟁의 승패에 변수로 작용한다. 예컨대 원세조元世祖의 두 차례에 걸친 일본원정은 태풍 때문에 실패하였다. 만일 이때 원나라 수뇌부가 기후에 대한 지식이 있었다면 그와 같은 무모한 원정은 시도하지 않았을 것이다. 또한 몽고병이 고려를 침략할 당시 최우崔瑀는 수도를 강화도로 옮기며 그 예봉을 피하였다. 이는 몽고인들이 기마전에는 능하나 수전에는 약한 점을 이용한 것이다. 이리하여 고려는 무려 40년 동안이나 몽고와의 항쟁을 계속할 수 있었다. 넷째, 법령이 얼마나 철저히 시행되고 있느냐 하는 것도 중요하다. 이는 넓은 의미에서 군대의 편성과 조직의 효율성을 말한 것이다. 명령계통이 제대로 서 있고 합리적으로 운영되는 군대는 그만큼 강력한 집단인 셈이다. 다섯째와 여섯째는 병력의 수적인 우세와 질적인 우세 여부를 말한 것이다. 적보다 수적으로 우세한 군대가 훈련도 더 잘 되어 있다면 더할 나위 없이 막강할 것이다. 일곱째, 상과 벌의 공정한 시행도 중요한 문제이다. 손무가 군령을 따르지 않는 임금의 총희를 베어 여인부대를 통솔한 것이나 제갈량이 군량 수송로인 가정전투 참패의 책임을 물어 아끼던 장수 마속馬謖을 참수한 것은 상과 벌을 공정하고 엄격하게 시행해 군심을 다스리고자 한 것이다.

이와 같이 전쟁의 승패를 가늠하는 손무의 비교와 분석은 지극히 냉철하고 합리적이었다.

나를 알아주는 군주에게 머물 것이다

將聽吾計用之면 必勝이니 留之하고
장 청 오 계 용 지　　必勝　留之

將不聽吾計用之면 必敗니 去之니라
장 불 청 오 계 용 지　　必敗　去之

장수가 나의 계책을 듣고 이를 쓴다면 반드시 승리할 것이니, 그러면 나는 그에게 머무를 것이다. 장수가 나의 계책을 쓰지 않는다면 반드시 패배할 것이니, 따라서 나는 그에게서 떠날 것이다.

해설

손무는 오나라의 왕 합려闔閭가 자신의 계책을 채택한다면 머무를 것이요, 채택하지 않으면 떠날 결심을 하고 있다. 이는 자신의 필승전략에 대한 확고한 피력이기도 하다. 이 시대의 군주들은 널리 인재를 등용하여 부국강병을 이루고자 하였다. 손무는 자신과 자신의 병법을 택하지 않는다면 다른 나라에 가서라도 자신의 재능을 발휘할 길을 찾고자 한 것이다. 결국 손무는 합려에게 등용되어 자신의 전쟁철학을 시험할 기회를 얻게 된다.

완벽한 계책이라도 유동적이어야 한다

計利以聽이면 乃爲之勢하여 以佐其外하나니라
계 리 이 청   내 위 지 세   이 좌 기 외

勢者는 因利而制權也니라
세 자   인 리 이 제 권 야

계책의 이익을 헤아려 듣게 되면 곧 유리한 형세가 되고, 이것이 밖에서 돕는 보조 조건이 되도록 만든다. 형세란 유리한 조건을 잡아서 상황 변화에 따라 주도권을 손에 넣는 것을 말한다.

해설

세勢란 전략상 유리한 형세나 작전상 우세에 있음을 말한다. 이는 병가에서 매우 중시하는 개념으로 정치, 경제, 전략, 전술의 모든 면에서 하나의 큰 흐름을 말한다. 권權은 저울의 추를 가리키는데, 저울추가 무게에 따라서 그 위치를 바꾸듯 전략이나 작전도 유연하고 탄력 있게 변해야 한다는 뜻이다. 변화를 예측하기 어려운 전쟁 상황에서 두 개념은 매우 중요한 요소로 다루어졌다.

병법의 핵심은 속임수이다

兵者는 詭道也니라
병자   궤도야

故로 能而示之不能하고 用而示之不用하며
고   능이시지불능   용이시지불용

近而示之遠하고 遠而示之近하니라
근이시지원   원이시지근

병법이란 속임수이다. 그러므로 능하면서도 능하지 못한 것처럼 하고, 쓰면서도 쓰지 않는 것처럼 하며, 가까운 데를 노리면서도 먼 데를 노리는 것처럼 하고, 먼 데를 노리면서도 가까운 데를 노리는 것처럼 한다.

해설

죽느냐, 사느냐를 판가름하는 전쟁은 어차피 상도常道에서 벗어난 행위이다. 따라서 필승을 위한 전략과 전술의 구사에 수단과 방법을 가릴 필요가 없다. 다만 최소한의 희생으로 최대한의 전과를 거두어야 한다. 그러기 위해서 유능한 장수는 강한 적을 상대하며 정면으로 승부를 가리고자 하지 않는다. 적의 방심을 유도해 그 허점을 찌르는 것이다. 그러므로 손무는 용병用兵이란 실은 속임수라고 갈파하고 있다. 이는 곧 『손자병법』 열세 편의 핵심적 개념이기도 하다.

호나라를 치고자 한 정나라의 무공武公은 먼저 자기 딸을 호나라 군주에게 시집 보내어 그 마음을 즐겁게 해주었다. 이렇게 하고는 여러 신하들에게 물었다.

"나는 군사를 일으키고자 한다. 과연 어느 나라를 쳐야 하는가?"

이에 대부인 관기사關其思가 대답하였다.

"호나라를 쳐야 합니다."

이에 무공은 몹시 화를 내며 "호나라는 형제의 나라이다. 네놈이 어찌 치라고 하는 가?" 하고는 관기사를 죽여 버렸다. 호나라의 군주가 이 소식을 전해 듣고는 정나라를 우방으로 여기고 마침내 방비를 하지 않았다. 무공은 이때를 놓치지 않고 호나라를 처서 빼앗았다. 딸을 주고 조정 중신을 회생시켜 호나라 군주에게 믿음을 준 것이다. 이렇게 전쟁은 상대방을 확실히 속일 수 있어야만 이길 수 있다. 용병의 본질이란 기만과 술책임을 장수된 이는 늘 잊지 말아야 할 것이다.

공격할 때와 싸움을 피할 때

利而誘之하고 亂而取之하며
이 이 유 지   난 이 취 지

實而備之하고 强而避之하라
실 이 비 지   강 이 피 지

적을 이롭게 하여 꾀어내며, 적을 교란한 후 공격해 빼앗는다. 적이
견실하면 이에 잘 대비하고, 적이 강하면 싸움을 피해야 한다.

해설

미끼를 던져 적을 유인하거나 적의 내부를 교란한 후 쳐서 빼앗는 것은 용병가들이
흔히 쓰는 술책이다. 또한 장수는 견실한 적에 대해서는 잘 대비하고, 적이 강하면
싸움을 피하며 약해질 때까지 기다려야 한다. 그리하여 아군이 전략적인 우위를 확
보하게 되었을 때 총공격을 감행하는 것이다. 이를 위해서는 사전에 고도의 책략과
속임수를 구사해야 한다.

적군을 어지럽히고 교만하게 만들라

怒而撓之하고 卑而驕之하라
노 이 요 지   비 이 교 지

적을 성나게 하여 어지럽히고, 스스로를 낮추어 적을 교만하게 만든다.

해설

꾀 많은 장수는 아군의 도전에 응하지 않는 적장을 성나게 한 후 싸움터로 끌어들인다. 이럴 경우 냉정을 잃은 측이 손해를 보기가 쉽다. 따라서 적장이 침착하고 지모가 뛰어난 자라면 이런 술수에는 결코 말려들지 않을 것이다. 또한 슬기로운 장수는 강한 적과는 정면충돌을 피한 채 스스로 비굴한 태도를 보인다. 이럴 경우 적장이 자부심이 강하고 또한 사려가 깊지 못한 자라면 아군을 멸시하는 마음으로 방비 태세를 소홀히 할 수도 있다. 만일 적에게 이와 같은 틈이 보이면 번개 같은 기습으로 쳐부수는 것이다.

적을 지치게 하고 적들의 사이를 멀어지게 하라

佚而勞之하고 親而離之하라
일 이 로 지   친 이 리 지

편안한 적은 지치게 하고, 적들이 친밀하면 그 사이를 벌어지게 한다.

해설

222년 봄, 촉한의 유비는 군사 4만 명을 이끌고 오나라로 진격하였다. 형주를 지키던 관우가 오나라 장수 여몽의 계략에 말려들어 죽임을 당한 것에 대한 설욕전이었다. 노장 조자룡의 반대나 처사 진복秦宓의 상서도 유비의 복수 의지를 꺾을 수는 없었다. 유비는 이도와 효정을 쳐서 빼앗고 무협에서 이릉까지 150리에 걸쳐 진을 쳤다. 한편 오나라에서는 유비 진영에 사신을 보내어 이번 싸움이 두 나라에 모두 이롭지 못함을 설득하였지만 이는 유비의 분노만을 더해줄 뿐이었다. 이에 오나라 군주 손권은 위나라를 상국으로 섬기기로 하고, 서둘러 그들과 동맹을 맺는다. 위와 촉한이 연합하여 쳐들어온다면 막아낼 도리가 없기 때문이었다. 그리고 육손을 사령관으로 임명하여 유비의 침공을 막기로 했다. 육손은 긴장하는 부하들을 이렇게 달랬다.

"촉군은 지금 산길을 강행군하여 지쳐 있다. 우리는 수비에 치중하면서 이들이 좀더 지치고 해이해질 때를 기다려야 한다."

그러나 부하들은 전투를 미루고 있는 사령관을 겁쟁이로 생각할 뿐이었다. 계절이 바뀌어 여름이 되었다. 그동안 촉군이 몇 차례 싸움을 걸어왔으나 육손은 굳게 지킬 뿐 이에 응하지 않았다. 그러던 어느 날, 무더워지는 날씨에 점점 지쳐가는 촉군이 나무 그늘에서 쉬고 있을 때, 이와 같은 동태를 살핀 육손은 곧 작전을 개시하였다. 그는 모든 군사들에게 불타는 띠 한 묶음씩을 지니고 적진으로 쳐들어가게 했다. 이 기습으로 촉군의 전 진영은 이내 불바다가 되고 만다. 촉군의 도독 풍습은 전사하였고 마안산에서 오군에 포위당한 유비는 밤중에 겨우 백제성으로 피신할 수 있었다. 이 한 번의 공격으로 유비의 군대는 궤멸되고 식량과 무기 등도 잿더미가 된다. 육손은 싸움을 미룬 채 적군의 피로와 해이해짐을 기다려 통쾌한 승리를 거둔 것이다.

신뢰와 의리로 맺어진 적의 인간관계를 무너뜨리는 것 역시 효과적인 전술이다. 초패왕 항우가 그의 참모 범증을 파면한 것이나, 위나라 조정이 사마의의 병권을 일시 박탈한 것도 이런 경우에 해당된다. 이간책은 상대방의 내부에 불화를 조성하여 그 전력을 급속히 약화시키는 것이다.

허술함을 노려라

攻其無備하고 出其不意하라
공 기 무 비   출 기 불 의

대비가 없는 곳을 공격하고, 경계하지 않을 때에 쳐들어간다.

해설

상대가 방심하여 군세가 해이해져 있을 때 그 틈을 노려 재빨리 공격하라는 것으로, 마음을 놓고 있을 때 허를 찌르는 것이다. 이는 아군의 동정만큼 상대를 알고 있을 때 사용할 수 있는 전술이다.

집중하여 관찰하면 아무리 완벽한 진을 구축했다 하더라도 작은 틈을 발견할 수 있다. 더불어 아군에게도 틈이 있을 수 있기 때문에 철저히 대비하는 것이 중요하다.

계략은 함부로 누설하지 말라

此는 兵家之勝이나 不可先傳也니라
차　　병가지승　　불가선전야

이것이 전쟁에서 승리를 움켜쥐는 길이다. 그러나 함부로 누설하거
나 전수해서는 안 된다.

해설

전쟁의 승리는 오사칠계五事七計에 따라 정세를 정확히 파악하고, 그에 따른 계획을
충분히 세웠을 때 이끌 수 있다. 그러므로 이러한 정세 판단을 마음속 깊이 새기고
계략을 세우되 함부로 내뱉어서는 안 된다는 말이다. 뿐만 아니라 이렇게 미리 세운
계략에 얽매여 변화에 융통성 있게 대처하지 못해서도 안 된다는 것이다.

다양한 전략을 수립하라

夫未戰而廟算하여 勝者는 得算多也하고
부 미 전 이 묘 산　　　승 자　　득 산 다 야

未戰而廟算하여 不勝者는 得算少也니라
미 전 이 묘 산　　　불 승 자　　득 산 소 야

多算은 勝하며 少算은 不勝이니 而況於無算乎아
다 산　　승　　　소 산　　불 승　　이 황 어 무 산 호

吾以此觀之면 勝負見矣로다
오 이 차 관 지　　승 부 견 의

전쟁을 하기 전에 전략을 수립하면서 승리를 예측하는 것은 이길 수 있는 묘책이 많기 때문이고, 승리를 예측하지 못하는 것은 묘책이 적기 때문이다.

묘책이 많으면 승리할 수 있고, 묘책이 적으면 승리할 수 없다. 하물며 묘책이 없는 경우에야 더 말할 필요조차 없다. 나는 이런 것으로 승패를 미리 내다보는 것이다.

해설

크든 작든 전쟁을 시작하기 전에는 반드시 전략을 수립해야 한다. 전략 회의에서 상대보다 불리한 점이 여러 곳 드러난다면 확실한 승리를 장담하기 어렵다. 그러므로 지혜에 지혜를 더해 만전을 기하고 이길 승산이 있을 때 비로소 실전에 돌입해야 한다.

제2편

작전 作戰

이 편은 「전戰」 또는 「작전作戰」이라고 한다.
전쟁의 승부는 군사력 이전에
경제력의 강약에 따라 좌우된다는 점을 분명히 밝히고 있다.
또한 실제 전쟁에 임했을 때의 문제를 본격적으로 논의하면서,
전쟁은 빨리 끝내야 한다는 속전속결의 원칙을 제시하고
용병과 군수물자의 경제적 운용 전략에 대해 서술한다.

作戰

전쟁에는 막대한 비용이 든다

孫子曰　凡用兵之法이　馳車千駟에　革車千乘에
손 자 왈　범 용 병 지 법　치 거 천 사　혁 거 천 승

帶甲十萬에　千里饋糧이요
대 갑 십 만　천 리 궤 량

則內外之費와　賓客之用과　膠漆之材와　車甲之奉에　日費千金이니
즉 내 외 지 비　빈 객 지 용　교 칠 지 재　거 갑 지 봉　일 비 천 금

然後에야　十萬之師擧矣니라
연 후　십 만 지 사 거 의

손자가 말하였다.

무릇 전쟁을 하려면 전쟁용 수레 1,000대와 운반용 수레 1,000대, 갑옷 입은 군사 10만 명에다 천리나 되는 곳으로 실어나를 군량을 보급해야 한다. 또한 국내외에서 쓰는 돈과 사신의 접대비, 아교와 옷칠의 재료비, 수레와 갑옷을 정비하는 비용 등 매일 천금의 비용이 든다. 이를 감당할 수 있어야만 비로소 10만의 병력을 일으킬 수 있다.

해설

전쟁을 하려면 군대를 먹이고 움직이게 하는 것부터 시작하여 적지 않은 비용이 발생한다. 섣불리 시작해 놓고 끝을 맺지 못한다면 나라는 망하게 된다. 그러므로 물자와 비용을 충분히 준비해 놓은 다음, 전쟁의 이익을 따져서 시작해야 한다. 또한 전쟁 기한을 예측하고 전쟁 후의 국가 경제도 신중하게 따져봐야 한다. 당나라나 수나라는 어렵게 얻은 승리에도 불구하고 값없이 긴 전쟁으로 멸망하고 말았다.

전쟁은 끌수록 불리하다

其用戰也勝이라도 久則純兵挫銳하며 攻城則力屈하고
기 용 전 야 승　　　　구 즉 둔 병 좌 예　　　공 성 즉 력 굴

久暴師則國用不足이니라
구 폭 사 즉 국 용 부 족

夫純兵挫銳하며 屈力殫貨면 則諸侯가 乘其弊而起하나니
부 둔 병 좌 예　　　굴 력 탄 화　　즉 제 후　　승 기 폐 이 기

雖有智者라도 不能善其後矣니라
수 유 지 자　　　불 능 선 기 후 의

故로 兵聞拙速이니 未睹巧之久也니라
고　　병 문 졸 속　　　미 도 교 지 구 야

夫兵久而國利者는 未之有也니
부 병 구 이 국 리 자　　미 지 유 야

故로 不盡知用兵之害者는 則不能盡知用兵之利也니라
고　　부 진 지 용 병 지 해 자　　즉 불 능 진 지 용 병 지 리 야

전쟁을 함에 있어 승리한다고 하더라도 오래 끌게 되면 군사들이 둔해지고 사기가 꺾이며 성을 공격한다 하더라도 힘에 부치게 되고, 오랫동안 군사들을 싸움터에 머물게 하면 곧 나라의 살림이 바닥나게 된다. 무릇 군사들이 둔해지고 사기가 꺾이며 전력이 소모되고 재정이 바닥나면, 이웃의 다른 제후들이 그 지친 틈을 타고 쳐들어 올 것

이다. 이때에는 제아무리 지혜로운 자가 있다 할지라도 그 뒷일을 수습할 수 없게 될 것이다.

그러므로 전쟁은 다소 미흡하더라도 빨리 끝내야 한다. 솜씨 있게 싸운다 해도 오래 끌게 되면 불리해지는 것이다. 전쟁을 오래 끌어 나라에 이로웠던 예는 아직까지 없었다. 따라서 전쟁의 해악을 알지 못하는 사람은 전쟁의 이로움도 알 수 없는 것이다.

해설

전쟁 전에 준비를 철저히 했더라도 일단 전장에 나가면 속전속결이 최우선이라는 점을 강조하고 있다. 아무리 이기고 있는 전쟁이라 하더라도 일단 오래 끌게 되면 국토는 피폐해지고 국력은 쇠락할 수밖에 없다. 이 틈을 타 다른 나라가 쳐들어올 수 있음을 염두에 둬야 하는 것이다.

또한 오랜 시간 전쟁에 임하게 되면 군대는 지치기 마련이며, 내부의 조직이 와해될 가능성도 생겨나게 된다. 따라서 손무는 졸속으로라도 전쟁은 속전속결이 좋다는 이야기를 하고 있다.

전쟁 전에는 신중하고 치밀한 정세 분석과 계획 수립을 힘주어 말하였지만 실제로 전쟁이 임하여서는 번개처럼 빠르게 치고 빠지는 전략을 써서 희생과 시간을 줄여야 하는 것이다.

아군의 식량은 적지에서 조달하라

善用兵者는 役不再籍하고 糧不三載하라
선 용 병 자   역 불 재 적   양 불 삼 재

取用於國하고 因糧於敵하나니
취 용 어 국   인 량 어 적

故로 軍食可足也니라
고   군 식 가 족 야

전쟁을 잘 이끄는 장수는 군역을 두 번 징집하지 않고, 식량을 전장으로 세 번 나르지 않는다. 무기는 본국에서 조달하지만 식량은 적지에서 빼앗아 해결한다. 그러므로 식량이 넉넉한 것이다.

해설

'군역을 두 번 징집하지 않고, 식량을 전장으로 세 번 나르지 않는다'는 말은 지구전의 폐단을 막기 위한 조치이다. 전쟁이 길어지면 본국에서 군사들을 다시 징집해 보충해야 하고, 식량의 소모 또한 엄청나게 된다. 또한 전장으로 멀리 수송까지 해야 하므로 백성들은 농사지을 시간도 없어 궁핍하게 된다. 그래서 손무가 병법으로 내세우는 것이 아군을 힘들게 하여 식량을 본국에서 조달하지 말고 적으로부터 빼앗아 현지에서 조달하라는 것이다. 그럼으로써 아군에게는 식량 조달의 비용과 인력을 줄이고, 적에게는 타격을 가하는 일거양득의 효과를 얻을 수 있는 것이다.

國之貧於師者는 遠輸니 遠輸則百姓이 貧하고
국 지 빈 어 사 자　원 수　원 수 즉 백 성　빈

近於師者는 貴賣하니 貴賣則百姓이 財竭하며 財竭則急於丘役이니라
근 어 사 자　귀 매　귀 매 즉 백 성　재 갈　재 갈 즉 급 어 구 역

力屈財殫하여 中原이 內虛於家하고 百姓之費는 十去其七이요
역 굴 재 탄　중 원　내 허 어 가　백 성 지 비　십 거 기 칠

公家之費는 破車罷馬하고
공 가 지 비　파 거 파 마

甲冑矢弩와 戟楯矛櫓와 丘牛大車는 十去其六이니라
갑 주 시 노　극 순 모 로　구 우 대 거　십 거 기 륙

나라가 전쟁으로 인하여 빈곤해짐은 군수품을 멀리 실어 보내기 때문이다. 군수품을 멀리 실어 보내면 곧 백성들이 빈곤해진다. 또한 군대가 가까이 있으면 물가가 오른다. 물가가 오르면 백성들이 쓸 물자가 부족하게 된다. 나라에 물자가 부족하게 되면 이를 채워야 할 부역의 부담이 급격하게 늘어나게 된다.

전쟁으로 힘이 다하고 재정이 고갈되면 나라 안으로는 집집마다 비게 되고, 백성들은 세금으로 10분의 7까지 빼앗기게 될 것이다. 국가의 재정도 어려워져 수레는 파괴되고 말은 피로하며, 갑옷과 투구, 화살과 활, 창과 방패, 세모창과 큰 방패, 수송용 소와 큰 수레 등도 10분의 6이 소진되어 버릴 것이다.

멀고 먼 전쟁터로 보내는 보급이 여의치 않게 되면 백성의 힘도 기진맥진하여 재원이 궁핍해지고, 웬만한 집안은 텅 비게 된다. 군수물자와 잦은 부역으로 생업에 전념할 수 없는 백성들의 소득은 전쟁으로 인하여 70% 가까이 없어져 버린다. 국가로서의 소모도 커서 중요한 전차는 파괴되고, 말도 지쳐서 병들며, 많은 군수물자들도 약 60% 정도가 쓸모없이 되어 버린다.

여기서는 장기 원정전에 의한 국가와 백성들의 궁핍한 상태를 설명한 것으로, 특히 주목되는 점은 전쟁에 필요한 물자의 소진보다 백성이 당하는 곤궁도의 비율이 다소 높다는 점이다. 즉 전쟁이 오래 지속되면 일반 백성이 먼저 곤경에 빠진다는 사실을 암시하고 있다.

적의 군량으로 아군을 먹이라

故로 智將은 務食於敵하나니
고 　 지장　무식어적

食敵一種은 當吾二十種하고 其秆一石은 當吾二十石이니라
식적일종　당오이십종　　기간일석　당오이십석

그러므로 슬기로운 장수는 적의 군량을 빼앗아 아군을 먹인다. 적의
군량 1종은 아군 군량 20종에 해당하고, 적의 말 먹이 1석은 아군의
20석과 맞먹는 것이다.

해설

적의 식량과 아군의 식량의 가치가 20배의 차이를 보인다는 것은 두 가지 의미이다.
적의 식량으로 아군을 먹이면 먼저 수송에 필요한 아군의 비용과 인력을 줄일 수 있
다. 두 번째로 적의 식량을 빼앗음으로 적의 전력을 약화시킨다는 이점이 있다. 적에
게 전리품을 빼앗아 전쟁에 들어간 사회적 비용을 충당하지 않으면 경제를 회복할
수 없고, 그리하여 이기고도 지는 전쟁은 아무런 의미가 없게 되는 것이다.

승리는 승리를 부른다

故로 殺敵者는 怒也요 取敵之利者는 貨也니라
고　　살적자　　노야　　취적지리자　　화야

故로 車戰에 得車十乘已上이면 賞其先得者하고
고　　거전　　득거십승이상　　상기선득자

而更其旌旗하여 車雜而乘之하며 卒善而養之하나니
이경기정기　　거잡이승지　　졸선이양지

是謂勝敵而益强이니라
시위승적이익강

그러므로 적을 죽이려면 군사들에게 적개심이 있어야 하고, 적에게서 이익을 취하려면 군사들에게 상을 내려야 한다. 싸움터에서 적의 전차 10대 이상을 얻으면 가장 먼저 빼앗은 자에게 상을 내리고 그 전차의 깃발을 바꾸어 아군의 대열 속에 합류시키며 생포한 적군은 잘 대우하여 아군으로 양성한다. 이를 일러 승리할수록 더욱 강해진다고 하는 것이다.

해설

적군을 살상하기 위해서는 아군에게 조국과 가족을 위해서 싸운다는 사명감과 아울러 적개심을 심어주어야 한다. 또한 적의 전차를 노획하거나 적군을 생포한 군사에게는 상을 내려야 한다. 노획한 군수물자는 아군이 이용하고, 포로는 잘 대우하여 아군에 편입시킨다. 전투란 어차피 소모행위이므로 이런 방법으로 보충하지 않으면 전력을 유지할 수 없는 것이다.

전쟁의 핵심은 빨리 이기는 것이다

故로 兵貴勝이요 不貴久니라
고　　병귀승　　　불귀구

그러므로 전쟁은 빨리 이기는 것을 중요하게 여기며, 오래 끄는 것을
중요하게 여기지 않는다.

해설

전쟁은 공세를 취해야 할 침략군과 이를 격퇴해야 할 방어군으로 나누어 생각할 수
있다. 전자는 으레 단기 결전에 의한 승리를 꾀한다. 이는 싸움이 장기전이 되면 나
라의 경제적 피폐와 인명피해 및 병참 문제가 부담되기 때문이다. 그러나 후자의 입
장에서는 강한 침략군과의 정면 대결을 피해야 할 경우가 많다. 그러므로 적이 아군
의 물자를 이용하지 못하게 한 후, 그들이 굶주리거나 지쳤을 때 비로소 반격에 나서
는 것이다.

따라서 여기에서는 전쟁의 주도권을 장악하고 있는 침략군의 입장에서 속전속결의
유리함을 강조한 것으로 새겨야 할 것이다.

진정한 장수는 전쟁의 본질을 안다

故로 知兵之將이 民之司命이요 國家安危之主也니라
고　　지병지장　　민지사명　　국가안위지주야

이와 같은 전쟁의 본질을 아는 장수가 백성의 목숨과 운명을 쥐고,
나라의 안위를 짊어진 인물이다.

해설

전략과 전술에 뛰어난 장수는 나라의 안위와 백성의 생명을 맡을 수 있는 사람이다.
능력은 보잘것없으면서도 처세술로 중책을 맡은 장수는 나라의 운명을 위태롭게 한다.
일찍이 촉한의 재상 제갈량은 그의 명저 『장원將苑』에서 장수는 다섯 가지 직무와
네 가지 책임을 완수해야 한다고 했다. 곧 장수의 오선五善과 사욕四欲이다.
오선이란 첫째, 적의 정세를 제대로 분석하며 둘째, 나아가고 물러가는 방법을 제대
로 알고 셋째, 아군과 적군의 허虛와 실實을 제대로 헤아리며 넷째, 천시天時와 인사
人事를 제대로 이해하고 다섯째, 지리를 제대로 파악할 수 있는 것이다.
또한 사욕이란 첫째, 전투를 뛰어나게 잘하며 둘째, 모의의 기밀이 새지 않도록 하고
셋째, 군사들이 군율을 제대로 지키게 하며 넷째, 상하의 마음을 한 덩어리가 되게
하는 것이다. 이것들에 능한 이에게는 나라의 병권을 안심하고 맡길 수 있을 것이다.
역사에는 유능한 인물이 없어서 망한 나라는 드물어도 유능한 인물을 쓰지 못해 망
한 나라는 많았다. 조나라가 노련한 염파 대신 풋내기 조괄에게 지휘관의 직책을 맡
겨 군사력을 상실한 것이나, 남송이 악비를 죽이고 오랑캐에게 굴복한 것은 참으로
안타까운 일이었다. 이렇게 명장과 범장凡將을 정확히 가리는 일은 나라의 운명을
좌우한다.

제3편

모공 謀攻

이 편은 「공攻」 또는 「모공謀攻」이라고 한다.
여기서 '모謀'는 책략 또는 전략을 뜻하며,
'공攻'은 공격을 뜻하는 것으로, 실제 전쟁에 들어가기에 앞서 세우는
공격 전략과 전술에 관한 문제를 논하고 있다.
공격함에 있어서는 교묘한 책략을 세워 적을 완전히 섬멸해야 하지만
손무는 싸우지 않고 적을 굴복시키는 것을 최상의 전략으로 보았다.
"적을 알고 나를 알면 백 번 싸워도 위태롭지 않다"는 유명한 구절이 이 편에 나온다.

謀攻

싸우지 않고 이기는 것이 전쟁의 으뜸이다

孫子曰　凡用兵之法은 全國爲上이요 破國次之니라
손자왈　범용병지법　전국위상　　파국차지

全軍爲上이요 破軍次之니라
전군위상　　파군차지

全旅爲上이요 破旅次之니라
전려위상　　파려차지

全卒爲上이요 破卒次之니라
전졸위상　　파졸차지

全伍爲上이요 破伍次之니라
전오위상　　파오차지

是故로 百戰百勝이 非善之善者也요
시고　　백전백승　비선지선자야

不戰而屈人之兵이 善之善者也라
부전이굴인지병　　선지선자야

손자가 말하였다.

무릇 군사를 쓰는 법은 적국을 온전히 하여 굴복시키는 게 으뜸이요, 적국을 쳐부수는 것은 그 다음이다. 군軍을 온전히 하여 굴복시키는 게 으뜸이요, 군을 무찌르는 것은 그 다음이다. 여旅를 온전히 하여 굴복시키는 게 으뜸이요, 여를 무찌르는 것은 그 다음이다. 졸卒을 온전히 하여 굴복시키는 게 으뜸이요, 졸을 무찌르는 것은 그 다음이다. 오伍를 온전히 하여 굴복시키는 게 으뜸이요, 오를 무찌르는 것은 그 다음이다. 그러므로 백 번 싸워서 백 번 다 이기는 것이 가장 좋은 방책은 아니다. 싸우지 않고 굴복시키는 것이 가장 좋은 방책이다.

해설

군軍은 12,500명의 편성을 기본으로 한 보통 군대 전체를 통틀어 가리키며, 여旅는 500명에서 1,000명 사이의 규모이다. 졸卒은 100명에서 200명가량의 규모이고, 오伍는 5명에서 100명 사이의 규모를 말한다.

무력에 힘입어 상대방을 굴복시키는 것은 최상책이 될 수 없다. 이럴 경우 아군의 피해도 결코 적지 않기 때문이다. 따라서 손무는 싸우지 않고 적을 굴복시킬 수 있어야만 최상책이 된다고 피력하는 것이다.

계략으로 이끄는 승리

故로 上兵은 伐謀요 其次는 伐交요
고   상병   벌모   기차   벌교

其次는 伐兵이요 其下는 攻城이니라
기차   벌병   기하   공성

그러므로 전쟁에서 최상책은 적의 계략을 미리 알고 이를 깨는 것이며, 그 다음은 적의 동맹관계를 끊는 일이고, 그 다음은 적의 군대를 공격하는 일이다. 최하등의 병법은 적의 성을 직접 치는 일이다.

해설

싸우되 손에 피를 묻히지 않으려면 상대의 전략을 탐지하는 것이 첫째이다. 적의 속까지 꿰뚫어야 하는 것이다. 소극적인 전법 같으나, 이것이 최상의 전법인 것이다. 다음에는 원조하는 힘을 끊어버리는 것이다. 손을 내밀 수 없는 고립무원의 상태는 전투력의 상실로 이어진다. 경제적, 물질적 원조뿐 아니라 심리적인 고립감이나 불안감은 실로 큰 작용을 한다. 그 후에야 비로소 군대를 동원하여 공격하는 것이다. 아래의 단계로 갈수록 성과 없이 희생만 커질 수 있으므로 뛰어난 군대는 첫 번째와 두 번째 단계에서 적의 패배를 끌어내는 것이다.

적의 성은 부득이한 경우에만 공격하라

攻城之法은 爲不得已니라
공 성 지 법   위 부 득 이

修櫓轒轀하고 具器械에 三月而後成이며
수 로 분 온   구 기 계   삼 월 이 후 성

距闉이면 又三月而後已니라
거 인   우 삼 월 이 후 이

將不勝其忿하여 而蟻附之나
장 불 승 기 분   이 의 부 지

殺士卒三分之一에 而城不拔者는 此攻之災也라
살 사 졸 삼 분 지 일   이 성 불 발 자   차 공 지 재 야

성을 공격하는 것은 부득이한 경우이다. 큰 방패와 사다리, 수레를 보수하고 여러 가지 장비를 갖추는 데만 3개월은 걸린다. 또한 흙무더기를 쌓아 올리는 데에도 다시 3개월이 소요된다. 장수가 노여움을 참지 못하고 개미떼처럼 성벽을 기어오르게 하여 병력의 3분의 1을 죽게 만들고도 성을 함락시키지 못하는 때도 있다. 이는 공격이 불러들인 재앙이다.

해설

적군이 건실하게 지키고 있는 성을 공격하기 위해서는 각종 공성기구가 필요한데 이를 제대로 준비하기 위해서는 석 달 내지 반년의 시일이 걸린다. 이 기간을 장수가 참지 못하고 군사들을 성벽으로 기어오르게 한다면, 설사 함락시킨다 해도 아군 역시 큰 피해를 입게 된다. 그러므로 성을 치는 것과 같은 정면공격은 아군이 피치 못할 상황에 처했을 때에만 강행해야 한다.

뛰어난 장수는 싸우지 않고 이긴다

故로 善用兵者는 屈人之兵하되 而非戰也요
고　선용병자　굴인지병　　이비전야

拔人之城하되 而非攻也요
발인지성　　이비공야

毁人之國하되 而非久也요 必以全하고 爭於天下라
훼인지국　　이비구야　필이전　　쟁어천하

故로 兵不頓而利可全하나니 此는 謀攻之法也니라
고　병불돈이리가전　　차　모공지법야

그러므로 용병에 뛰어난 이는 적병을 굴복시키되 맞붙어 싸우지 않는다. 적의 성을 함락시키되 공격하지는 않는다. 적군을 허물어뜨리되 싸움을 오래 끌지는 않는다. 반드시 자기 나라의 군사를 온전케 한 채로 천하를 다툰다. 그러므로 병력을 소모시키지 않고도 완벽하게 이기는 것이다. 이것이 바로 계략으로 공격하는 것이다.

해설

219년 가을, 형주를 지키던 관우는 군사를 이끌고 번성으로 향하였다. 이 번성은 위나라의 요충지로 정남장군 조인이 지키고 있었으며, 그 북쪽에는 좌장군 우금과 입의 장군 방덕의 군대가 머물러 비상시에 대비하였다. 그때에 큰 비가 내려 우금과 방덕의 진지가 모두 물에 잠겼다. 이에 관우는 수군으로 먼저 이들을 공격하여 승리를 거둔다. 이제 조인만이 소수의 병력으로 고립된 번성을 지켜야 했다. 당시 오나라에서는 진서장군 노숙이 죽고 여몽이 그 후임자가 되어 육구에 머물렀다. 여몽은 장강 상류를 확보해야만 오나라의 안전을 기할 수 있다고 생각하였다.

한편 관우도 여몽이 부임하자 오나라에 대한 경계 태세를 강화하며 번성을 공략할 때도 배후에 적지 않은 병력을 남겨두었다. 이에 여몽은 오나라 군주 손권에게 건의하여 자신은 병을 치료하기 위해 건업建業으로 물러가고 후임자로 육손을 임명하게 한다. 관우를 속이기 위한 꾀병이었다. 편장군 육손은 육구에 부임하자 곧 관우에게 후한 예물과, 관우의 용맹과 지략을 칭송하는 서신을 올린다. 관우는 손권이 식견이 모자라 풋내기를 등용한 것으로 여겨 마음을 놓고 곧 후방의 예비 병력을 빼내어 번성 공략에 모두 투입하였다.

한편 손권은 위나라에 사자를 보내어 공동의 적 관우를 토벌하기로 동맹을 맺는다. 그동안 관우의 공격으로 고전하던 번성의 조인은 서황의 원군으로 수비를 견고히 할 수 있게 된다. 관우는 싸움을 중단하고 지친 군사들을 한수에 모이게 한다. 여몽은 이 기회를 놓치지 않았다. 그는 군사들을 배 안에 숨겨두고 은밀히 상륙하여 적의 경비초소와 성곽을 점령한다. 이때 강릉을 방어하던 미방과 공안에 주둔한 부사인은 평소 관우에게 멸시와 푸대접을 받아 원한을 품고 있었다. 미방과 부사인은 여몽의 군대가 공안과 강릉에 이르자 곧 항복하였다.

이렇게 관우의 세력 거점을 점령한 여몽은 부하들에게 엄명을 내려 부녀자들을 철저히 보호한다. 근거지를 빼앗긴 관우는 병력이 증강된 번성을 공격할 수도 없고, 또한 돌아갈 곳도 없게 되었다. 관우의 군사들은 그들의 부모와 처자식들이 안전하게 지내고 있다는 소문을 듣고 싸울 의욕을 잃어버린다. 이들은 곧 상관을 배신하고 도주한다. 이렇게 관우의 군대는 싸우기도 전에 무너져 버렸다. 관우는 겨우 10여기의 병졸을 이끌고 맥성으로 간다. 그는 적의 포위망에서 벗어나고자 했으나 오나라 군사들에게 사로잡혀 피살되고 만다. 여몽은 속임수로 관우를 안심시키고 나서 기습으로 그 빈틈을 찔러 이긴 것이다. 이처럼 지혜로운 장수는 전투다운 전투를 치르지 않고도 강적을 정복할 수 있다.

병력에 따른 전술 방법

故로 用兵之法에 十則圍之하고 五則功之하며
고　　용병지법　　십즉위지　　　오즉공지

倍則分之하고 敵則能戰之니라
배즉분지　　　적즉능전지

少則能逃之하고 不若則能避之니라
소즉능도지　　　불약즉능피지

故로 小敵之堅은 大敵之擒也라
고　소적지견　　대적지금야

그러므로 병력을 사용하는 방법은 아군의 병력이 적의 열 배면 적을 포위하고, 다섯 배면 적을 공격하며, 두 배면 적을 분산시킨 후 차례로 공격하고, 병력이 대등하면 힘껏 싸운다. 또한 아군의 병력이 적보다 적으면 후퇴하고, 아주 적을 경우에는 싸움을 피해야 한다. 적은 병력으로 끝까지 싸우면 결국 강대한 적군에게 사로잡히게 될 것이다.

해설

손무는 열 배의 병력으로는 적군을 포위하며, 다섯 배의 병력으로는 정면 공격하고, 두 배의 병력으로는 적을 분산시킨 다음 각개격파하라고 했다. 또한 아군의 병력이 적군보다 훨씬 적으면 무조건 싸움을 피하라고 했다.

그러나 전투란 지휘관의 능력과 군사들의 훈련 정도, 지형과 기후조건 등 여러 가지 요소가 변수로 작용한다. 따라서 절반 정도의 병력으로 적군을 포위하여 대승을 거두는 경우도 있고, 심지어 10분의 1의 병력으로 적을 섬멸하는 때도 있다. 예컨대 오나라의 주유는 3만 명의 군사로 위나라 조조의 24~25만 명의 대군을 깨뜨렸으며, 동진의 사현은 8만 명의 군사로 전진의 부견이 인솔하는 87만 명의 대군을 와해시켰다. 그러므로 여기에서 말하는 전술은 어느 전투에나 적용할 수 있는 보편적인 법칙이 아니라 다만 개연성을 말한 것으로 해석해야 할 것이다.

장수의 중요성

夫將者는 國之輔也니 輔周則國必强하고 輔隙則國必弱이니라
부 장 자　국 지 보 야　보 주 즉 국 필 강　　보 극 즉 국 필 약

무릇 장수는 임금의 중요한 보좌관이다. 보좌에 빈틈이 없으면 국가
는 강대해지고, 보좌에 빈틈이 생기면 국가는 반드시 약해진다.

해설

연나라의 소왕昭王은 재상 자지子之의 난 때 나라가 어지러운 틈을 타서 제나라가
연나라를 공격한 것에 대해 원한을 품고 있었다. 그러나 연나라는 국력이 약하고 또
한 거리도 멀어 강대국 제나라를 칠 수가 없었다. 이에 소왕은 몸을 낮추어 널리 인
재를 초빙하였다. 당시 위나라에 머물던 악의는 위나라 소왕에게 청하여 사신으로
연나라에 갔다. 연나라 소왕은 그를 아경亞卿으로 임용했다.

당시 제나라 민왕滑王은 남쪽으로는 초나라 군대를 중구重丘에서 쳐부수고 서쪽으
로는 삼진三晉의 군사를 관진觀津에서 깨뜨렸다. 또 삼진과 더불어 진격을 치고 조趙
와 함께 중산국中山國을 멸하며, 송군宋軍을 쳐부수고 영토를 넓혔다. 민왕은 진나라
의 소왕昭王과 패권을 다투었으나 백성들은 계속되는 전쟁으로 신음하고 있었다. 이
런 기미를 살핀 연나라의 소왕이 제나라와의 싸움에 대해 악의에게 묻자 악의가 대
답하였다.

"제나라는 영토가 넓고 인구가 많으니 우리 연나라 혼자서는 칠 수가 없습니다. 조趙
·초楚·위魏와 힘을 합해야만 공격할 수 있습니다."

이에 소왕은 악의를 조나라에 보내어 동맹을 맺고, 또한 따로 사자를 보내어 초·위
와 합세하기로 했으며, 진나라까지 연합국에 가담하도록 설득하였다. 당시 제후들은
민왕의 교만과 포악함을 미워했기 때문에 연나라와 기꺼이 힘을 합하였다.

연나라 소왕은 악의를 상장군으로 삼고 그에게 전 병력을 이끌도록 하였다. 또한 조
趙의 혜문왕은 악의에게 정승의 직인을 맡겼다. 악의는 조趙·초楚·한韓·위魏·
연燕, 5개국의 연합군을 이끌고 제나라로 쳐들어갔다. 그는 제서에서 제나라 군사를
무찔렀다. 싸움이 끝난 후 다른 제후의 군대는 본국으로 물러갔으나 악의는 연나라

군대를 거느리고 패주하는 제나라 군사를 쫓아 제의 수도 임치臨菑에 이르렀다. 제나라 민왕은 거莒로 몸을 피하고, 악의는 제나라에 머물러 군정을 폈으나 각 고을 성들은 문을 닫고 항복하지 않았다.

그러자 악의는 임치에 들어가 제나라의 보물과 제기를 거두어 연나라로 보냈다. 연의 소왕은 크게 기뻐하며 군사들에게 푸짐한 상을 내리고 악의를 창국昌國에 봉하였다. 악의는 5년 동안 계속 제나라에 머물며 70여 성을 함락시켰으나 거와 즉묵卽墨만은 버티고 있었다. 이즈음 연나라 소왕이 서거하고 태자가 보위를 이었으니 그가 바로 혜왕惠王이었다. 혜왕은 평소 악의를 의심하고 있었다. 즉묵을 지키던 제나라의 전단田單은 연나라에 첩자를 보내어 이런 말을 퍼뜨렸다.

"악의가 제나라의 두 성을 빨리 치지 않는 것은 싸움을 오래 끌어 제나라의 임금이 되고자 하는 야심 때문이다. 그래서 제나라 사람들은 다른 장수가 와서 그와 교체하는 것을 염려하고 있다."

혜왕은 첩자가 퍼뜨린 이 말을 듣고 기겁騎劫을 상장군으로 삼아 악의와 교체했다. 그러자 악의는 연나라로 돌아가면 죽음을 당할 것으로 짐작하고 조나라에 귀순한다. 조나라는 악의를 관진觀津에 봉하고 망제군望諸君이라고 부르며, 연·제를 억누르도록 했다. 한편 제나라의 전단은 즉묵에서 교묘한 전술로 연군을 무찌르고 여세를 몰아 제나라의 잃어버린 땅을 모조리 회복한다. 이어 그는 민왕의 아들 양왕襄王을 거에서 임치로 모셨다. 이리하여 악의가 오랫동안 연나라를 위해 경영한 모든 것이 물거품이 되었다.

유능한 장수가 현명한 임금과 한마음, 한뜻이 되면 그 능력을 마음껏 발휘하여 나라는 강대해질 수 있다. 그러나 어리석은 임금이 유능한 장수를 멀리하면 국가안보에 빈틈이 생기고 약소국으로 전락하는 것이다.

군주가 군대에 관여하지 말아야 할 세 가지

故로 君之所以患於軍者三이니
고　군지소이환어군자삼

不知軍之不可以進하여 而謂之進하고
부지군지불가이진　　이위지진

不知軍之不可以退하여 而謂之退니 是謂縻軍이니라
부지군지불가이퇴　　이위지퇴　시위미군

不知三軍之事하여 而同三軍之政者는 則軍士惑矣니라
부지삼군지사　　이동삼군지정자　즉군사혹의

不知三軍之權하여 而同三軍之任이면 則軍士疑矣니라
부지삼군지권　　이동삼군지임　즉군사의의

三軍이 旣惑且疑면 則諸侯之難이 至矣하나니
삼군　기혹차의　즉제후지난　지의

是謂亂軍引勝이니라
시위난군인승

그러므로 임금이 군대에 대해 폐를 끼치는 경우가 세 가지 있다. 첫째, 군대가 나아가서는 안 됨을 알지 못하고 나아가라고 명하고, 군대가 물러나서는 안 됨을 알지 못하고 물러나라고 명하면 이는 곧 군대를 얽어매는 것이다. 둘째, 군대의 일을 알지 못하면서 그 행정에 간섭하면 군대가 혼란스럽게 된다. 셋째, 군대의 권한을 알지 못하면서 지휘에 간섭하면 내부에 의혹만 일으키게 된다. 군대가 혼란과 의혹에 휩싸이게 되면 곧 다른 나라 제후들의 침략을 받는다. 이는 아군을 어지럽게 하여 적군에게 승리를 안겨주는 것이다.

해설

군주는 일단 장수의 능력을 믿고 지휘권을 맡겼으면 작전에 대해서는 간섭하지 말아야 한다. 장수는 전진과 후퇴, 단기결전과 지구전에 재량권을 가져야만 자신의 능력을 발휘할 수 있는 것이다. 그리고 전투란 그 속성상 늘 유동적이기 때문에 장수가 그때그때의 상황에 따라 적절한 명령을 내릴 수 있어야 한다.

현명한 군주가 유능한 장수에게 소신껏 싸우게 하여 나라를 구한 예는 드물지 않다. 예컨대 오나라 군주 손권은 주유를 총사령관으로 기용하여 적벽에서 조조의 위군을 격파하게 했으며, 유비의 침공 때에는 육손을 기용하여 이릉에서 섬멸하였다. 주유와 육손의 승전도 이처럼 현명하고 도량이 넓은 군주가 있었기에 가능했던 것이다.

승리로 가는 다섯 가지 방법

故로 知勝이 有五니 知可以戰과 與不可以戰者는 勝하고
고　　지승　유오　지가이전　　여불가이전자　　승

識衆寡之用者는 勝하며 上下同欲者는 勝하고
식중과지용자　　승　　상하동욕자　　승

以虞待不虞者는 勝하며 將能而君不御者는 勝하나니
이우대불우자　　승　　장능이군불어자　　승

此五者는 知勝之道也라
차오자　　지승지도야

따라서 승리를 미리 아는 다섯 가지 방법이 있다. 첫째, 싸워야 할 때
와 싸워서는 안 될 때를 아는 이는 이길 수 있다. 둘째, 많은 병력과
적은 병력을 능숙하게 다룰 줄 아는 이는 이길 수 있다. 셋째, 임금과
백성들의 뜻하는 바가 같으면 이길 수 있다. 넷째, 대비함으로써 대
비하지 않음을 기다리는 이는 이길 수 있다. 다섯째, 장수가 유능하고
군주가 간섭하지 않으면 이길 수 있다. 이 다섯 가지는 곧 승리를 미
리 아는 길이다.

손무는 다섯 가지 방법으로 승리를 예견할 수 있다고 했다. 첫째, 싸워야 할 때와 싸워서는 안 될 때를 가리는 정세에 대한 정확한 판단력이다. 둘째, 많은 병력과 적은 병력에 따라 다르게 펼치는 적절한 용병술이다. 셋째, 윗사람과 아랫사람의 목표와 의사의 일치, 즉 단결력이다. 넷째, 적에 대한 대비태세의 철저함이다. 다섯째, 유능한 장수에 대한 군주의 신임과 뒷받침 등이다. 손무는 이 다섯 가지가 우세한 쪽이 이긴다고 내다본 것이다.

적을 알고 나를 알아야 한다

故로 曰 知彼知己면 百戰不殆하고
고　　왈　지 피 지 기　　백 전 불 태

不知彼而知己면 一勝一負하며
부 지 피 이 지 기　　일 승 일 부

不知彼不知己하면 每戰必殆니라
부 지 피 부 지 기　　　매 전 필 태

그러므로 적을 알고 나를 알면 백 번 싸운다 하더라도 위태롭지 않다. 적을 알지 못하고 나만을 알면 한 번은 이기고 한 번은 지게 된다. 그러나 적을 알지도 못하고 나도 알지 못하면 싸울 때마다 반드시 위태롭게 된다.

해설

원래 전쟁은 지극히 유동적이며 예기치 않은 변수가 따르게 마련이다. 따라서 적군의 실력과 동태를 알아내기란 결코 쉬운 일이 아니다. 그럼에도 장수는 수집된 정보를 근거로 합리적 추론을 내리며, 또한 적군과 아군의 실력을 제대로 헤아릴 줄 알아야 한다. 만일 장수가 언제나 이와 같은 대비태세로 전투에 임한다면 여러 번 싸우더라도 위태롭지 않을 것이다. 이에 반하여 아군과 적군의 실정을 제대로 파악하지 못하는 장수는 늘 패배의 쓴잔을 마시게 될 것이다.

제4편

군형 軍形

이 편은 「형形」 또는 「군형軍形」이라고 한다.
아군과 적군이 서로 대치하고 전력을 배치하는 형태를 말하며,
상황이 변함에 따라 군형이 변화하는 모습을 말하고 있다.
제5편의 「병세兵勢」와 함께 구체적인 전략 전술에 대해서 논하고 있다.

軍形

승리란 나에게만 달린 것이 아니다

孫子曰 昔之善戰者는 先爲不可勝하여 以待敵可之勝이니라
손자왈 석지선전자 선위불가승 이대적가지승

不可勝은 在己나 可勝은 在敵이라
불가승 재기 가승 재적

故로 善戰者는 能爲不可勝이나 不能使敵必可勝하니
고 선전자 능위불가승 불능사적필가승

故로 曰 勝可知나 而不可爲니라
고 왈 승가지 이불가위

손자가 말하였다.

옛날에 잘 싸우는 이는 먼저 적이 이길 수 없도록 대비한 후에 적에게 이길 수 있는 때를 기다렸다. 적군이 이길 수 없도록 하는 것은 나의 대비태세에 달려 있고, 아군이 이기는 것은 적에게 달려 있다. 따라서 전쟁에 능한 이는 적군이 이길 수 없도록 할 수는 있으나, 아군이 반드시 이기도록 할 수는 없다. 그러므로 이기는 계책을 세울 수는 있으나, 이를 반드시 실행할 수는 없다.

해설

상대가 승리할 수 없는 것은 이쪽의 태세가 완전하기 때문이고, 반대로 이쪽이 승리할 가능성이 있는 것은 상대의 태세에 약점과 결함이 있기 때문이다. 그러므로 아무리 싸움에 능한 자라도 적에게 승리를 주지 않도록 만전의 대책은 취할 수 있으나, 상대를 공격하여 반드시 이길 수 있는 안성맞춤의 태세로 이끌어 간다는 것은 어려운 일이다. 먼저 아군의 수비 태세가 튼튼하여 언제, 어디에서 적의 침략이 있더라도 방어할 자신이 선 뒤에야 공세를 취할 수 있을 것이다. 그러나 아군의 수비가 완벽할 때라고 해서 곧바로 적을 공격할 수 있는 것은 아니다. 적에게 빈틈이 생길 때까지 기다려야 한다. 이 미묘함을 잘 간파하여 전진과 공격의 시점을 알아내는 것이 장수의 임무이다.

소설 『삼국지』에서 가장 흥미 있는 대목은 사마의와 제갈량의 대결일 것이다. 죽은 공명이 산 중달을 달아나게 했다는 말대로 사마의는 제갈량의 적수가 되지 못한다고 생각하는 이도 있으나 사실은 그렇지 않다. 사마의는 제갈량의 침공 소식을 듣고 부하들에게 이렇게 말했다.

"공명이 무공으로부터 동쪽 방면으로 나온다면 이는 급습책이므로 경계해야만 된다. 그러나 서쪽으로 나와 오장원에 이른다면 지구전이 될 것이므로 염려할 게 없다."

제갈량은 위험 부담이 큰 급습책을 피하고 오장원에 주둔한다. 촉군은 이곳에서 둔전屯田으로 군량을 조달하며 여러 번 위군에 싸움을 걸었으나 이루어지지는 않았다. 사마의는 시간을 끌수록 물자 보급이 풍부한 위군이 유리함을 잘 알고 있었기 때문이었다.

적이 수비에만 치중하자 초조해진 것은 촉군이었다. 이렇게 되면 촉군은 아무런 소득도 없이 빈손으로 돌아가야 하는 것이다. 제갈량은 사마의에게 여자 옷과 건귁(巾귁 : 여자가 머리에 쓰는 관)을 선물로 보낸다. 이는 사마의의 겁 많음을 비웃어 그를 자극하여 싸우도록 하기 위함이었다. 그러나 생각이 깊은 사마의는 제갈량의 술수에 말려들지 않았다. 그는 부하들이 분개하여 싸우고자 하는 것을 천자의 조칙을 핑계 삼아 억눌렀다.

그러던 어느 날 또 제갈량이 사자를 보내왔다. 사마의는 사자에게 제갈량의 일과에 대해서 물었다. 사자는 "승상께서는 아침 일찍 일어나시어 밤늦게까지 군무를 보십니다. 스무 대 이상의 태형笞刑은 손수 결재하십니다. 그리고 드시는 것은 몇 홉에 지나지 않습니다."라고 대답하였다. 제갈량이 격무에 시달리고 있다고 판단한 사마의는 사자가 돌아가자 이렇게 말한다.

"공명이 사무는 많고 식사량이 아주 적다고 하니 오래 살지는 못할 것이다."

그의 예상대로 제갈량은 곧 오장원의 진중에서 병들어 죽는다.

이리하여 제갈량의 북정은 무위로 그치고 촉군은 서둘러 돌아가야만 했다. 사마의는 비록 제갈량에게 이기지는 못했으나, 결코 지지도 않았다. 이는 적군이 이길 수 없도록 하는 것은 나의 대비 태세에 달려 있고, 아군이 이기기 위해서는 적이 허점을 보여야 하기 때문일 것이다.

이길 수 있을 때에만 공격하라

不可勝者는 守也요 可勝者는 攻也라
불 가 승 자   수 야   가 승 자   공 야

守則不足이요 攻則有餘니라
수 즉 부 족   공 즉 유 여

승리할 수 없으면 수비하고, 승리할 수 있으면 공격한다. 병력이 부족하면 수비를 하고, 병력에 여유가 있으면 공격한다.

해설

만약 상대의 전투태세가 충분하여 공격하는 힘과 수비하는 힘의 균형이 이쪽이 불리하다고 생각하였을 때는 일단 공격을 중지하고 지키는 데에 전념해야 한다. 절대적으로 이쪽이 우세하다고 판단될 때 비로소 공세로 나가는 것이다. 수세에 취한다는 것은 힘의 균형에 있어서 이쪽이 부족하기 때문이고, 공격으로 나아가는 것은 이쪽이 유리하기 때문이다.

수세냐 공세냐 하는 것은 아군과 적군의 힘의 균형에 따른 것으로 열세라고 생각되었을 때는 서투른 책략으로 공격할 생각을 하지 말고 수세를 택하라는 것이다.

수비는 땅 속에 숨듯이, 공격은 하늘을 나는 듯이 하라

善守者는 藏於九地之下하고 善攻者는 動於九天之上하나니
선 수 자　　 장 어 구 지 지 하　　 선 공 자　　 동 어 구 천 지 상

故로 能自保而全勝也니라
고　 능 자 보 이 전 승 야

수비를 잘하는 이는 땅 속 깊은 곳에 숨은 듯하고, 공격을 잘하는 이는 높은 하늘에서 움직이듯 한다. 그리하여 능히 스스로를 지키며 완전하게 이기는 것이다.

해설

수비를 잘하는 장수는 깊이를 헤아릴 수 없는 땅속에 숨듯 아군의 역량을 깊숙이 은폐시킨다. 또한 공격을 잘하는 장수는 높디높은 하늘에서 행동하듯 어떠한 조건에서도 아군의 역량을 최고도로 발휘한다. 그렇게 함으로써 아군을 온전하게 보전하면서 완전한 승리를 거둘 수 있는 것이다.

촉한의 재상 제갈량과 명승부를 펼친 위나라의 사마의는 방어와 공격에 모두 능한 장수였다. 그는 상용上庸에서 맹달이 모반하였을 때는 급히 달려가 단숨에 무찔렀다. 맹달은 관우가 패사한 후 위나라에 항복한 인물로, 조예가 임금이 되자 거취가 불안하여 촉한의 제갈량에게 내통할 뜻을 밝힌다. 맹달은 사마의의 토벌대가 완성宛城에서 상용에 도착하려면 한 달은 걸리리라 생각했다. 그러나 사마의는 천자에게 보고도 하지 않고 즉시 군대를 이끌고 여드레 만에 상용에 이르렀다. 그리하여 제대로 준비를 갖추지 못한 적군을 닷새 동안의 공격으로 정복했다. 반면 요동에서 공손연과 싸울 때는 성을 포위만 하고 섣불리 공격하지 않았다. 이를 의아하게 여긴 부하가 그에게 물었다.

"앞서 상용에서 맹달을 칠 때는 불과 닷새 만에 성을 함락시켰습니다. 이번에는 왜 시간을 끌고 있습니까?"

사마의가 대답했다.

"그때와는 상황이 다르다. 지금은 공손연이 대군을 거느리고 있고 또한 장마 때문에 아군이 괴로워하고 있지. 이럴 때는 별 수 없는 척하는 게 가장 좋은 전술이다."

이윽고 기회가 오자 사마의는 무서운 기세로 성을 공격하여 단숨에 적군을 무찔렀다. 이렇게 용병술에 능한 장수는 상황에 따라 작전을 구사하며 완전한 승리를 거두는 것이다.

모두가 아는 싸움은 잘된 싸움이 아니다

見勝이 不過衆人之所知면 非善之善者也요
견승　　불과중인지소지　　비선지선자야

戰勝而天下曰善이면 非善之善者也니라
전승이천하왈선　　　비선지선자야

故로 擧秋毫不爲多力이요 見日月不爲明目이요
고　거추호불위다력　　　견일월불위명목

聞雷霆不爲聰耳니라
문뢰정불위총이

여러 사람들이 보아서 쉽게 이해할 수 있는 승리는 가장 좋은 승리가
못 된다. 싸움에 이겼다고 해서 온 세상 사람들이 칭송한다면 이는
최선의 승리는 아닌 것이다. 즉 추호 같은 가벼운 털을 든다고 해서
힘이 세다고 하지 않고, 해나 달을 본다고 해서 눈이 밝다고 하지 않
으며, 우렛소리를 듣는다고 해서 귀가 밝다고 하지는 않는 것이다.

해설

뭇사람들이 이구동성으로 칭송하는 승리는 최상의 승리가 아니다. 이는 가벼운 털을
든다고 해서 힘이 장사라고 할 수 없고, 해와 달을 본다고 해서 천리안이라고 말할
수 없는 것과 같다.
참으로 용병과 책략에 능한 사람은 세상에 잘 드러나지 않는 방법으로 승리하므로
칭송을 듣지 못하는 경우가 많다. 예컨대 세 치 혓바닥으로 적을 설득하여 싸우지도
않고 물러가게 한다든가, 적의 동맹관계를 깨뜨리는 방법 등이 그것이다.

전쟁에 능한 장수는 이길 조건을 갖춘 뒤에야 싸운다

古之所謂善戰者는 勝於易勝者也라
고지소위선전자　승어이승자야

故로 善戰者之勝也에 無智名하며 無勇功이니라
고　선전자지승야　무지명　　무용공

故로 其戰勝不忒이니 不忒者는 其所措에 必勝하니 勝已敗者也라
고　기전승불특　　불특자　기소조　필승　　승이패자야

故로 善戰者는 立於不敗之地하고 而不失敵之敗也하나니
고　선전자　입어불패지지　　이불실적지패야

是故로 勝兵은 先勝而後에 求戰하고
시고　승병　선승이후　구전

敗兵은 先戰而後에 求勝하니라
패병　선전이후　구승

옛날에 이른바 전쟁을 잘한다고 일컫는 장수는 이기기 쉬운 자에게 이긴 것이다. 그러므로 전쟁을 잘하는 자는 승리해도 지략이나 명성, 용맹이나 공적이 두드러지게 나타나지 않는 것이다. 그럼에도 싸워서 승리하는 데에는 조금의 어긋남도 없는 것이니 이는 곧 싸우기 전에 반드시 이길 조건을 갖추어 놓고, 이미 패할 만한 상대에게 이기는 것이다.

그러므로 전쟁을 잘하는 장수는 패배하지 않을 땅에서 적의 패배를

놓치지 않는다. 이런 까닭에 이기는 군대는 먼저 이길 조건을 갖추고 나서 싸우며, 패하는 군대는 먼저 싸우고 나서 이기려고 한다.

해설

완벽한 준비를 마친 후에 제대로 된 전술을 펼쳐서 전쟁을 하면 이기는 것은 당연하다. 미리 모든 상황을 준비하고 대처하면서 상대에 대한 파악을 마친 후이므로, 사실상 이미 승리를 맡아놓은 것이다. 그만큼 확실하고 철저하게 승패를 저울질한 후에 전쟁에 임하라는 것이다.

이상적인 전쟁을 하는 장수는 아군이 완전무결한 태세를 갖추고 있기 때문에 조금도 걱정을 할 필요가 없으므로 오로지 상대만을 엿볼 수 있다. 따라서 적의 약점이 생기면 공격하여 이길 기회를 놓치는 법이 없다. 다시 말하면, 이길 싸움은 충분히 이길 만한 태세와 요인 위에 서서 싸움을 개시하는 것이고, 지는 싸움이란 덮어 놓고 싸움을 하여 그 싸움에서 이길 기회를 구하려고 하는 위험한 싸움이라는 말이다.

훌륭한 장수는 평소 덕을 쌓는다

善用兵者는 修道而保法이니 故로 能爲勝敗之政이라
선 용 병 자　　수 도 이 보 법　　고　　능 위 승 패 지 정

군사를 잘 쓰는 사람은 도를 닦고 법을 잘 보전하므로 승패를 좌우하
는 군정을 만들 수 있다.

해설

『사마법司馬法』에는 군사들을 인애로써 재난에서 건지며, 도의로써 싸움터로 소집해
야 한다고 역설하고 있다. 사실 덕망이 있는 이가 법제와 군율을 제대로 다스린 후
포악하고 무도한 자를 정벌한다면 이미 싸우기도 전에 승부가 판가름 나게 된다. 어
질고 의로운 이에게는 모든 사람들이 즐겨 복종하며, 무도한 자에 대해서는 민심이
그를 버리기 때문이다.

승패를 판단하는 다섯 가지

兵法에 一曰度요 二曰量이요 三曰數요 四曰稱이요 五曰勝이니
병법   일왈도   이왈량   삼왈수   사왈칭   오왈승

地生度하고 度生量하며 量生數하고 敎生稱하며 稱生勝이라
지 생 도   도 생 량   양 생 수   수 생 칭   칭 생 승

병법에 '첫째는 도度, 둘째는 양量, 셋째는 수數, 넷째는 칭稱, 다섯째는 승勝에 의해 좌우된다'고 했다.
지형은 도를 낳고, 도는 양을 결정하며, 양은 수를 생기게 하고, 수는 칭을 낳으며, 칭은 승의 기반이 된다.

해설

병법의 첫째인 도度는 적군과 아군 사이의 거리를 재는 것이며, 둘째인 양量은 적군과 아군의 군사 동원력을 재는 것이다. 셋째인 수數는 동원 가능한 병력의 수를 계산하는 것이며, 넷째인 칭稱은 적군과 아군의 전력을 저울질하는 것이다. 다섯째인 승勝은 승리의 가능성이다. 즉 영토가 있기에 거리의 넓고 좁은 척도가 생겨나고, 척도가 있기에 양을 산정하며, 양을 산정하기에 출병하는 군사의 수를 정하고, 투입 가능한 병력 수에 근거하여 전체적인 전투태세와 전투력을 견주어 볼 수 있으며, 양쪽 전투력의 비교에 근거하여 전쟁의 승패를 판단해낼 수 있는 것이다.

한 번에 휘몰아치는 싸움을 하라

故로 勝兵은 若以鎰稱銖하고 敗兵은 若以銖稱鎰하니라
고　　승병　　약이일칭수　　　패병　　약이수칭일

勝者之戰이 若決積水於千仞之谿者는 刑也니라
승자지전　　약결적수어천인지계자　　형야

그러므로 이기는 싸움은 일鎰로써 수銖를 견주는 것과 같고, 지는 싸움은 수로써 일을 견주는 것과 같다. 이기는 사람의 싸움은 천리 길이나 되는 높은 계곡에 막아둔 물을 한 번에 터뜨려 쏟아지게 하는 것과 같으니 이것이 바로 형刑이다.

해설

일鎰과 수銖는 고대 중량의 단위이다. 1일鎰은 20냥에서 24냥 사이이며, 1수銖는 24분의 1냥이다. 여기에서는 양쪽 전투력의 차이가 엄청나다는 비유로 쓰인 것이다. 다시 말하자면 전쟁은 이와 같은 객관적 상황과 조건에 의해 그 승패가 이미 싸우기 전에 결정되는 것이다. 승리할 조건을 갖춘 군대는 이미 패배할 수밖에 없는 적을 공격하므로 압도적인 세력으로 이를 섬멸한다.

제5편

병세兵勢

이 편은 「세勢」 또는 「병세兵勢」라고 한다.
병력의 전술적 배치를 주요 내용으로 하여
군사들이 전투에 임했을 때 실제 능력을 발휘하는 것,
특히 환경에 따른 변화의 필요성에 대해 언급하면서
전투력과 군대 역량 및 상황 사이의 상관관계를 장악하는 유연성을 갖춘 쪽이
승리의 열쇠를 쥐게 된다고 강조하였다.

효율적인 조직과 편제를 갖추라

孫子曰 凡治衆을 如治寡는 分數가 是也요
손 자 왈 범 치 중   여 치 과   분 수   시 야

鬪衆을 如鬪寡는 形名이 是也라
투 중   여 투 과   형 명   시 야

손자가 말하였다.

무릇 다수의 병력을 통솔하면서도 소수의 병력을 통솔하듯 함은 이들을 나누어 편성하기 때문이다. 또한 많은 병력이 싸우는 것을 적은 병력이 싸우듯 함은 깃발과 소리 등의 신호 때문이다.

해설

분수分數란 군대의 조직과 병력 편제를 말하며, 형形은 주로 신호를 하는 여러 깃발, 명名은 전진과 후퇴를 알리는 북과 징을 의미한다.

군대는 합리적인 편성에 의해 비로소 오합지중烏合之衆을 면할 수 있다. 장수가 수많은 군사들을 마치 소수의 군사들을 통솔하듯 함도 바로 이 때문이다. 또한 수많은 군사들이 일사불란하게 전투에 임할 수 있는 것은 부대 표지와 깃발, 그리고 북·나팔 등의 신호 덕분이다. 이렇게 군대의 편성과 신호체계는 장수의 명령을 말단에까지 전할 수 있는 효과적인 방법인 것이다.

전술에도 유연성이 필요하다

三軍之衆으로 可使必受敵而無敗者는 奇正이 是也요
삼군지중　　　가사필수적이무패자　기정　시야

兵之所加에 如以碬投卵者는 虛實이 是也니라
병지소가　　여이하투란자　　허실　시야

삼군의 무리로 적군과 마주치더라도 절대로 패하지 않음은 기奇와
정正을 교묘히 구사하기 때문이다. 병력을 더 투입하는 것이 마치
숫돌을 달걀에 던지듯이 함은 우세한 병력으로 그 빈틈을 치기 때
문이다.

해설

용병에는 기계奇計를 쓰지 않고 정정당당하게 적군과 정면으로 마주하여 싸우는 정
공법과, 유도작전과 복병으로 적의 측면이나 배후를 기습하는 기공법이 있다. 그러
나 이 두 가지 전법은 어떤 고정된 틀에 매여 있는 게 아니라 임기응변하는 것이다.
그러므로 상황에 따라 정正이 기奇가 될 수도 있고, 반대로 기가 정으로 변할 수도
있다. 유능한 장수는 이를 종횡으로 구사하여 적을 궁지에 몰아넣은 후 섬멸적인 타
격을 가하는 것이다.

전술은 변화무쌍해야 한다

凡戰者는 以正合하고 以奇勝이니라
범 전 자   이 정 합   이 기 승

故로 善出奇者는 無窮如天地하고 不竭如江河니
고   선 출 기 자   무 궁 여 천 지   불 갈 여 강 하

終而復始는 日月이 是也요 死而復生은 四時가 是也니라
종 이 부 시   일 월   시 야   사 이 부 생   사 시   시 야

聲不過五나 五聲之變은 不可勝聽也요
성 불 과 오   오 성 지 변   불 가 승 청 야

色不過五나 五色之變은 不可勝觀也요
색 불 과 오   오 색 지 변   불 가 승 관 야

味不過五나 五味之變은 不可勝嘗也니라
미 불 과 오   오 미 지 변   불 가 승 상 야

戰勢不過奇正이나 奇正之變은 不可勝窮也라
전 세 불 과 기 정   기 정 지 변   불 가 승 궁 야

奇正相生이 如循環之無端하니 孰能窮之哉아
기 정 상 생   여 순 환 지 무 단   숙 능 궁 지 재

무릇 전쟁은 정공법으로 싸우고 기공법으로써 이기는 것이다. 그러
므로 기공법에 능한 이는 그 변화의 무궁하기가 하늘과 땅과 같고,

마르지 않기가 강물과 같다. 마쳤는가 하면 다시 시작됨은 해와 달이 뜨고 지는 것과 같고, 죽었다가 다시 살아남은 네 계절의 순환과도 같은 것이다. 음계는 다섯 가지에 지나지 않지만 그 변화는 이루 다 들을 수가 없고, 색채는 다섯 가지에 지나지 않지만 그 변화는 이루 다 볼 수가 없다. 또한 맛은 다섯 가지에 지나지 않지만 그 변화는 이루 다 맛볼 수 없는 것이다. 이와 마찬가지로 전쟁의 형세도 기공법과 정공법에 지나지 않지만, 그 변화하는 전술은 이루 다 헤아릴 수 없을 만큼 무궁하다. 기奇와 정正이 서로 낳게 함은 순환하여 끝이 없으니, 누가 그 궁극을 헤아릴 수 있겠는가?

해설

음악의 기초가 되는 음계는 다섯 가지에 지나지 않고, 색깔과 맛을 이루고 있는 요소들도 다섯 가지에 불과하지만 그것의 변화와 다양성은 무궁무진한 것과 마찬가지로, 전쟁에 뛰어난 사람은 적의 허실에 따라 정공법과 기공법을 자유자재로 구사한다. 이처럼 변화 많은 전술에는 아무리 강한 적군도 효과적인 대응을 할 수가 없다.

전쟁은 기세를 몰아 빠르게 하라

激水之疾이 至於漂石者는 勢也요
격 수 지 질　지 어 표 석 자　세 야

鷙鳥之疾이 至於毁折者는 節也라
지 조 지 질　지 어 훼 절 자　절 야

是故로 善戰者는 其勢가 險하고 其節이 短하니
시 고　선 전 자　기 세　험　　기 절　단

勢如彍弩요 節如發機니라
세 여 확 노　절 여 발 기

거센 물결이 빠르게 흘러 바위를 떠내려가게 하는 것이 '기세'이며,
사나운 새가 빠르게 날아와 짐승을 채가는 것이 '절도'이다. 모름지기
전쟁을 잘하는 이는 그 기세가 험하고 절도는 극히 짧다. 기세는 활시
위를 팽팽하게 당긴 것과 같고, 절도는 화살이 발사되는 것과 같다.

해설

무시무시한 기세로 흐르는 격류는 커다란 바위를 밀어서 떠내려가게 하는 힘이 있
다. 이것은 오로지 수세가 끊임없고 망설임 없이 지속하는 힘의 집중 때문이다. 또
창공을 날던 독수리가 먹이를 순식간에 낚아채 갈 수 있는 것은 순간적인 기회를 잘
잡기 때문이다. 이처럼 이상적인 공격방법은 일단 공세로 나오면 격류가 멈출 줄 모
르는 것과 같은 맹렬한 기세로 신속하게 해야 한다.

혼란 속에도 질서를 유지하라

紛紛紜紜하되 鬪亂而不可亂也하고
분 분 운 운   투 난 이 불 가 난 야

渾渾沌沌하되 形圓而不可敗也니라
혼 혼 돈 돈   형 원 이 불 가 패 야

깃발이 어지럽게 휘날리고, 서로 뒤얽혀 싸우는 전투 속에서도 혼란
에 빠져서는 안 되고, 혼란스러운 상태에 빠져도 대형을 둥글게 배치
하면 패배하지 않는다.

해설

접전이 벌어지면 군사들을 통제하지 못할 염려가 생긴다. 평소에 정확하게 짜인 대
형도 난전이 되면 적군과 아군이 뒤섞여 한 덩어리가 된다. 그러나 그 혼돈 속이라도
상호 교감하여 법칙과 질서를 유지시켜야 하는 것이다.

용기와 비겁, 강함과 나약함은 군대에 달렸다

亂生於治하고 怯生於勇하며 弱生於强하니
난 생 어 치　　겁 생 어 용　　약 생 어 강

治亂은 數也요 勇怯은 勢也며 强弱은 形也니라
치 란　수야　용 겁　세 야　강 약　형 야

혼란은 다스려지는 데에서 비롯되고, 비겁은 용기에서 나오며, 나약함은 강함에서 생기는 것이다. 다스림과 혼란은 군대의 편성에 달렸고, 용기와 비겁함은 군대의 기세에 따르며, 강함과 나약함은 군대의 태세와 배치에 의해 좌우된다.

해설

군대란 통제가 잘 되다가도 혼란에 빠질 수 있으며, 용사를 겁쟁이로 만들 수도 있고, 무리를 강한 상태에서 나약한 상태로 변화시킬 수도 있다. 이는 그 편성과 기세와 배치 등에 차질이 생길 경우이다. 전진前秦의 임금 부견苻堅이 천하통일의 야망을 품고 비수淝水에서 동진군과 싸워 크게 패한 것도 그런 예에 해당될 것이다.

저족氏族 출신인 부견은 명신 왕맹王猛이 세상을 떠난 후 양주의 장씨와 한서의 대국을 병합하여 화북 지방을 장악한 후 87만 명의 대군을 이끌고 동진으로 향하였다. 한인漢人이 세운 양자강 이남의 나라를 정복하기 위함이었다. 전진군은 회수淮水를 건너 비수에 이르렀다. 그 당시 동진의 조정은 사안謝安이 대도독으로 실권을 쥐고 있었다. 사안은 동생 사석謝石과 조카 사현謝玄에게 지휘권을 맡겨 침략군을 격퇴하도록 했다. 비수 건너편에서 전진군과 대치한 동진군은 그 병력이 8만 명에 지나지 않았으나 나라를 지키겠다는 결의에 차 있었다.

한편 부견은 언덕 위에 올라 동진군의 동태를 살폈다. 적군의 진용이 엄정함에 위압감을 느낀 부견은 주서朱序를 사자로 파견하여 동진군에게 항복을 권하기로 했다. 주서는 원래 한인 출신으로 오랑캐 출신인 부견에 대해 적개심을 품고 있었다. 그는 동진군 진영으로 가서 이렇게 말하였다.

"전진군은 어마어마한 대군이라 이들이 집결하기 전에 그 선봉을 무찔러야 이길 수 있습니다."

이에 동진군의 지휘관 사현은 사자를 보내어 이런 말을 전하게 한다.

"전진군이 비수 언덕에 너무 많이 집결해 있다. 조금만 물러서 준다면 우리가 강을 건너 승부를 가리겠다."

부견은 적군이 강을 반쯤 건널 때 곧 강력한 기병대로 쳐부수겠다고 생각했다. 그는 군사들에게 일단 후퇴할 것을 명한다. 그러나 워낙 대군의 이동이라 이때 큰 혼란이 일어났다. 뒤쪽에 있는 군사들이 앞쪽에 있는 군사들의 후퇴하는 모습을 보자 싸움에 패한 줄 알고 달아나기 시작한 것이다. 동진군이 이 기회를 놓칠 리 없었다. 그들은 강을 건너자마자 추격전을 감행하여 전진군을 크게 무찌른다. 수많은 군사들이 변변히 싸워보지도 못한 채 죽고, 부견도 부상을 당한 채 간신히 도주하였다. 살아남은 전진의 군사들도 밤을 새워 달아났다. 이리하여 87만 명의 대군 중 8할 정도가 죽고, 부견도 장안으로 돌아온 후 스스로 목숨을 끊는다.

적에게 이로움을 주는 듯 유인하라

故로 善動敵者는 形之면 敵必從之하고 予之면 敵必取之하나니
고　선동적자　형지　적필종지　　여지　적필취지

以利動之하여 以卒待之니라
이 리 동 지　　이 졸 대 지

그러므로 유능한 장수는 적이 움직일 만한 형세를 만들어내어 적으로 하여금 그를 따르게 하고, 이로운 조건을 주어 적으로 하여금 취하도록 한다. 이로움으로써 적을 끌어내어 기습의 순간을 기다리는 것이다.

해설

고구려 건국 초창기인 제2대 유리왕 당시 선비족은 요하 부근에서 이웃나라 고구려와 자주 싸우고 있었다. 이에 유리왕이 이들을 정벌할 것을 의논하였다.

"선비족이 우리와 우호관계를 맺지 않고 노략질을 일삼아 백성의 근심이 되고 있소. 이들을 꺾을 묘책이 없겠소?"

이때 지략이 뛰어난 부분노가 나와 말했다.

"선비족은 험한 지형에 의지한 족속으로 사납고 또한 무지하니 이들은 계교로써 정복해야 합니다."

"어떤 계교를 쓰는 게 좋겠소?"

부분노가 대답했다.

"거짓으로 나라를 배반한 사람을 보내어 고구려는 나라가 작고 군사력도 보잘것없어 오래 지탱하지 못할 거라고 말하면 선비족은 우리에 대한 방비를 소홀히 할 것입니다. 신이 그 기회를 놓치지 않고 군사를 거느리고 지름길로 나아가 진을 칩니다. 그리고 별도로 약한 군사를 보내어 성의 남쪽에 진을 치고 싸우다 짐짓 패하여 달아나게 하면 적은 반드시 멀리 추격해 올 것입니다. 이 틈에 신은 군사를 거느리고 빈

성을 공격하고, 대왕께서는 몸소 기병을 이끌고 양쪽에서 적을 친다면 크게 무찌를
수 있습니다."

유리왕은 그렇게 하도록 허락했다.

과연 고구려 군사가 접근하자 선비족은 성문을 열고 추격해 왔다. 이때 부분노가 빈
성 안으로 쳐들어가자, 선비족은 계략에 말려든 것을 알고 돌아왔으나 부분노는 이
들을 막아내며 크게 무찔렀다. 유리왕도 이 틈에 기병을 이끌고 쳐들어가니 선비족
은 앞뒤로 공격을 당해 마침내 항복하였다.

전쟁은 기세를 타야 한다

故로 善戰者는 求之於勢하고 不責於人하나니
고　선전자　구지어세　　불책어인

故로 能擇人而任勢라
고　능택인이임세

任勢者는 其戰人也에 如轉木石하니
임세자　기전인야　여전목석

木石之性은 安則靜하고 危則動하며 方則止하고 圓則行이니라
목석지성　안즉정　　위즉동　　방즉지　　원즉행

故로 善戰人之勢는 如轉圓石於千仞之山者니 勢也니라
고　선전인지세　　여전원석어천인지산자　　세야

따라서 전쟁에 능한 이는 승리를 세勢에서 찾고, 개인에게 책임을 묻지 않는다. 그러므로 인재를 잘 발탁하여 적재적소에 쓰며, 세에 승리를 맡기는 것이다. 세에 맡긴다 함은 군사들을 싸우게 함에 있어 마치 나무나 바위를 굴리듯이 하는 것이니, 나무나 바위는 평탄한 곳에서는 움직이지 않지만 비탈진 곳에서는 굴러가는 법이며, 모난 것은 멈추고, 둥근 것은 구르게 마련이다. 그러므로 전쟁에 능한 이는 마치 둥근 바위를 천 길 낭떠러지에 굴리는 것과 같이 세를 만들어 내는 것이다.

전쟁을 형세로 몰아가 승리를 쟁취하고 일개 군사들에게 패전의 책임을 돌리지 말라는 것인데, 기세를 타야만 군사들을 휘몰 수 있다. 바위가 낭떠러지에서 한 번 굴러가면 그 기세를 막기 힘든 것처럼 세찬 기세야말로 지휘력의 핵심이다. 손무는 장수의 유연한 대처 여부가 기세를 만드는 여부와 연관된다고 보았다.

앞서 「군형」 편에서 '천리 길이나 되는 높은 계곡에 막아둔 물을 한 번에 터뜨려 쏟아지게 하는 것'과 같은 것이 바로 '형'이라고 하였는데, 둥근 바위가 천 길 높이에서 굴러 내려오는 것도 같은 이치이다. 손무는 기세를 만드는 데 있어서 장수가 치밀한 전략을 세우고 철저히 준비하는 것이 개별 군사들의 자발성보다 우위에 있다고 본 것이다.

제6편

허실虛實

「허실 虛實」편은 아군과 적군의 약점과 강점을
적절하게 응용하는 방법에 대한 내용으로,
『손자병법』의 가장 핵심적인 실천 전략을 담고 있다 해도 과언이 아니다.
손무는 적에게 '실實'이 있으면 반드시 '허虛'도 있다고 하였다.
적이 어떠한 전략으로 어떻게 배치하든 필연적으로 드러나는 약점은 있게 마련이며,
그 '허'를 찔러야 한다고 강조하였다.

적에게 끌려다니지 말고 적을 끌어들여라

孫子曰 凡先處戰地하여 而待敵者는 佚하고
손자왈 범선처전지 이대적자 일

後處戰地하여 而趨戰者는 勞라
후처전지 이추전자 노

故로 善戰者는 致人하되 而不致於人이니라
고 선전자 치인 이불치어인

손자가 말하였다.

무릇 먼저 전쟁터에 터를 잡고 적을 기다리는 군대는 여유가 있고, 늦게 전쟁터에 터를 잡고 바로 전투에 달려가는 군대는 피로하다. 그러므로 전쟁을 잘하는 이는 적을 끌어들이지, 적에게 끌려 다니지 않는다.

해설

아군이 장악해야 할 요충지에 적보다 먼저 도달하여 점령하거나, 방어진지나 매복지역을 손에 넣고 기다리면 부대의 정돈과 휴식, 지형 정찰, 진지 구축, 위장과 출격 태세의 완비 등에 있어 적보다 시간과 힘의 여유를 얻을 수 있다는 뜻이다. 이것은 전쟁터의 주도권을 장악하고, 적을 아군에게 유리한 상태로 만들 수 있는 중요한 원칙 중의 하나이다.

적을 유인하라

能使敵人自至者는 利之也요 能使敵人不得至者는 害之也니라
능 사 적 인 자 지 자   이 지 야   능 사 적 인 부 득 지 자   해 지 야

故로 敵佚이면 能勞之하고 飽면 能飢之하며 安이면 能動之하라
고   적 일   능 로 지   포   능 기 지   안   능 동 지

出其所必趨하고 趨其所不意니라
출 기 소 필 추   추 기 소 불 의

적으로 하여금 스스로 나오게 하려면 이로움이 있을 듯 보여야 하고,
적으로 하여금 나오지 못하게 하려면 해로움이 있을 듯 보여야 한다.
따라서 적군이 편안하면 수고롭게 만들고, 배부르면 굶주리게 하며,
안정되면 동요하도록 해야 한다. 적이 반드시 달려갈 곳으로 나아가
고, 적이 생각지 못한 곳으로 쳐들어간다.

해설

이목李牧은 조나라 북쪽 국경을 잘 지킨 뛰어난 장수였다. 일찍이 그는 안문에 머물
러 흉노와 대치하였다. 이목은 자신의 재량으로 관리를 임명하고 상인들에게 세금을
거두어 군사비에 썼다. 그는 자주 소를 잡아 군사들을 먹이며, 활쏘기와 말 타기 훈
련을 시켰다. 적이 침입하면 봉화를 올리게 하고, 첩자들을 여러 곳에 풀어놓아 정보
를 수집하게 하며, 군사들을 후하게 대접했다. 그는 흉노가 쳐들어오면 봉화를 올려
백성들과 가축을 성 안으로 피하게 하고 성밖으로 나가 오랑캐와 싸우려고 하지 않
았다. 이리하여 몇 해가 지나도 백성과 군사들은 피해를 당하지 않았으나, 흉노와 조
나라 군사들은 그를 단순히 겁쟁이로만 생각했다.
조나라 임금은 이목을 책망했으나 그는 결코 자신의 방책을 바꾸지 않았다. 임금은
이목을 해임하고 다른 사람을 대신 장수로 삼았다. 그 후 1년 동안 흉노가 쳐들어 올

때마다 조나라 군사는 싸웠고, 싸움에 질 때마다 큰 손실을 입었다. 관내의 백성들도 농사일과 가축치기를 할 수가 없게 되었다. 조정에서는 다시 이목을 임용하려고 했으나 그는 병을 핑계 삼아 이를 사양했다. 이에 조나라 임금이 억지로 장군직을 맡기자 그는 이렇게 말했다.

"대왕께서 굳이 소신을 쓰실 의향이시면 소신이 그전에 내린 방책을 그대로 쓰도록 윤허해 주십시오."

임금은 그의 청을 허락했다. 이목은 임지에 이르자 다시 옛날과 같은 방책을 시행하였다. 그래서 흉노는 여전히 그를 비겁한 자로만 알고 있었다. 변경의 군사들은 날마다 잘 먹고 편하게 지내게 되자 한번 흉노와 싸우기를 원했다. 이에 이목은 튼튼한 전차 1천 3백 대, 좋은 말 1만 3천 필을 모았다. 그리고 군사 5만 명과 활쏘기에 능한 군사 10만 명을 모아 강도 높은 훈련을 시켰다. 또한 이목은 많은 가축을 방목하고, 들판에는 백성들로 가득 차게 했다. 그때 마침 흉노가 쳐들어 왔다. 이목은 백성들과 가축을 남겨둔 채 거짓 패하여 달아났다.

흉노의 임금이 이 소식을 듣고 전 병력을 이끌고 쳐들어왔다. 그러자 이목은 좌우로 날개처럼 펼친 진으로 이들을 쳐서 크게 무찔렀다. 이 싸움에서 그는 10여만 명의 흉노 기병을 죽이고, 여세를 몰아 여러 오랑캐 부족들을 정복하였다. 그 후 10여 년 동안 흉노는 조나라의 변경에 얼씬거리지 못했다고 한다.

수비할 곳과 공격할 곳을 적이 모르게 하라

行千里而不勞者는 行於無人之地也요
행천리이불로자　행어무인지지야

攻而必取者는 攻其所不守也요
공이필취자　공기소불수야

守而必固者는 守其所不攻也라
수이필고자　수기소불공야

故로 善攻者는 敵不知其所守하고 善守者는 敵不知其所攻이니라
고　선공자　적부지기소수　　선수자　적부지기소공

微乎微乎하여 至於無形하고 神乎神乎하여 至於無聲이니
미호미호　　지어무형　　신호신호　　지어무성

故로 能爲敵之司命이로다
고　능위적지사명

천리 길을 행군하고도 피로하지 않은 것은 적이 없는 곳을 가기 때문이다. 공격하면 반드시 빼앗을 수 있는 것은 적이 지키지 않는 곳을 공격하기 때문이다. 수비가 견고한 것은 적이 공격할 수 없는 곳을 지키기 때문이다.

따라서 공격에 능한 이는 적이 수비할 곳을 모르게 하고, 수비에 능한 이는 적이 공격할 곳을 모르게 한다. 은밀하고 은밀하여 형태가 없는 경지에 이르며, 신비하고 신비하여 소리가 없는 경지에 이른다.

그러므로 능히 적의 목숨을 마음대로 다룰 수 있는 것이다.

해설

이상적인 공격은 적으로 하여금 어디를 어떻게 지켜야 하는지에 대한 판단을 할 수 없게 하고, 이상적인 수비는 적이 어디를 어떻게 공격하면 좋은지 실로 미묘해져 계획을 세울 수 없게 하는 것이다. 이로써 갈팡질팡하게 만드는 것이니, 마치 형태가 없고 소리가 없는 것을 잡으려는 것과 같다. 이쪽의 진격을 눈치채더라도 상대의 허점을 불시에 찌르는 것이므로 응수할 수가 없게 된다.

공격은 기세 있게, 후퇴는 신속하게 하라

進而不可禦者는 衝其虛也요
진 이 불 가 어 자   충 기 허 야

退而不可追者는 速而不可及也라
퇴 이 불 가 추 자   속 이 불 가 급 야

진격해도 적이 막을 수 없는 것은 그 허점을 찌르기 때문이요, 후퇴해
도 추격할 수 없는 것은 재빨리 달아나 따라잡을 수 없기 때문이다.

해설

공격할 때는 일시에 무섭게 몰려오는 폭풍처럼 하여 상대의 허를 찌러야 한다. 상대
에게 응수할 시간을 주는 것은 태세 정비의 여유를 주는 것이므로 상대의 허를 허가
아니게 만든다. 후퇴할 때 역시 최소의 피해를 생각해 신속해야 하는 것이다.

응할 수밖에 없는 싸움을 만들어라

故로 我欲戰이면 敵雖高壘深溝라도
고   아욕전   적수고루심구

不得不與我戰者는 攻其所必救也요
부득불여아전자   공기소필구야

我不欲戰이면 雖畫地而守之라도
아불욕전   수획지이수지

敵不得與我戰者는 乖其所之也니라
적부득여아전자   괴기소지야

그러므로 내가 전쟁을 하고자 하면 적이 비록 높은 성루와 깊은 도랑을 만든다고 하여도 부득이 나와서 싸울 수밖에 없는 것은 적이 반드시 구해야만 하는 곳을 공격하기 때문이다. 내가 싸우고자 하지 않으면 비록 땅 위에 선을 그어놓고 지키고 있다 할지라도 적이 공격해 오지 못하는 것은 그들이 공격할 방향을 어그러뜨렸기 때문이다.

해설

아군이 싸우고자 하면 적이 아무리 성채를 높이 쌓고 참호를 깊이 파고 들어가 굳게 수비만 하려고 해도, 결국에는 아군의 뜻대로 적이 나와서 싸우지 않을 수 없게 만들어야 한다. 바로 적이 반드시 지켜야 할 곳에 공격을 가하는 것이다.
반대로 아군이 전투를 피하고자 하면 별다른 수비 태세를 갖추지 않고 땅 위에 금만 그어 놓고 지키더라도 적이 아군을 공격하지 못하게 만들어야 한다. 이는 적의 공격 목표를 다른 곳으로 바꾸도록 유도하는 것이다.

먼저 적을 분산시켜라

故로 形人而我無形하면 則我專而敵分이라
고   형인이아무형   즉아전이적분

我專爲一하고 敵分爲十이면 是는 以十으로 攻其一也니
아전위일   적분위십   시   이십   공기일야

則我衆而敵寡하여 能以衆擊寡者면 則吾之所與戰者는 約矣라
즉아중이적과   능이중격과자   즉오지소여전자   약의

吾所與戰之地를 不可知니 不可知면 則敵所備者多니라
오소여전지지   불가지   불가지   즉적소비자다

敵所備者多하면 則吾之所戰者는 寡矣니
적소비자다   즉오지소전자   과의

故로 備前則後寡하고 備後則前寡하며
고   비전즉후과   비후즉전과

備左則右寡하고 備右則左寡하여
비좌즉우과   비우즉좌과

無所不備하면 則無所不寡니라
무소불비   즉무소불과

寡者는 備人者也요 衆者는 使人備己者也라
과자   비인자야   중자   사인비기자야

100

그러므로 적의 배치를 드러나게 하고 아군의 배치는 드러내지 않으면, 아군은 집중할 수 있고 적은 분산된다. 아군은 모여서 하나가 되고, 적은 흩어져서 열로 나뉘면 이는 곧 열 명이 한 명을 공격하는 것이 된다. 말하자면 아군은 많고 적은 그 수가 적은 셈이다. 이렇게 많은 병력으로 적은 병력을 공격하게 되면 아군은 그만큼 상대하기가 쉬워지는 것이다.

아군이 공격할 곳을 적이 알지 못하게 해야 하니, 적이 알지 못하면 그들은 지켜야 할 데가 많아진다. 지켜야 할 데가 많아지면 아군과 싸울 사람이 적어지는 셈이다. 따라서 앞면을 지키면 뒷면의 병력이 적어지고, 뒷면을 지키면 앞면의 병력이 적어지며, 왼쪽을 지키면 오른쪽의 병력이 적어지고, 오른쪽을 지키면 왼쪽의 병력이 적어진다. 모든 곳을 다 수비하게 되면 결국 모두 약해지는 것이다. 병력이 적어지는 것은 적을 막으려고만 하기 때문이요, 병력이 많아지는 것은 적이 아군에 대한 수비에만 매달리게 만들기 때문이다.

해설

이 장에서 손무는 아군의 집중된 병력으로 적군의 분산된 병력을 공격해야 함을 역설하고 있다. 그러기 위해서는 아군의 태세를 드러내지 말고, 또한 어디를 노리고 있는지를 적이 눈치채지 못하게 해야 한다. 그러면 적은 여러 곳을 모두 수비하기 위해 병력을 분산시킬 수밖에 없으며, 아군은 분산된 적을 상대로 자신의 집중된 힘을 투입할 수 있게 된다. 우세한 병력으로 약화된 적을 치게 되면 전자가 승리할 것은 자명한 일이다.

싸울 곳과 싸울 때를 정확히 파악하라

故로 知戰之地하고 知戰之日하면 則可千里而會戰이나
고   지전지지   지전지일   즉가천리이회전

不知戰地하고 不知戰日이면 則左不能救右하고 右不能救左하며
부지전지   부지전일   즉좌불능구우   우불능구좌

前不能救後하고 後不能救前이니
전불능구후   후불능구전

而況遠者數十里하고 近者數里乎아
이황원자수십리   근자수리호

以吾度之면 越人之兵이 雖多나 亦奚益於勝敗哉리오
이오탁지   월인지병   수다   역해익어승패재

故로 曰 勝可爲也니 敵雖衆이라도 可使無鬪라
고   왈 승가위야니 적수중   가사무투

그러므로 전쟁할 곳을 알고, 전쟁할 날짜를 알면 천 리를 행군해서도
전쟁을 할 수 있지만, 전쟁할 곳을 알지 못하고 전쟁할 날짜를 알지
못하면 좌측이 우측을 구할 수 없고, 우측이 좌측을 구할 수 없으며,
전방이 후방을 구할 수 없고, 후방이 전방을 구할 수 없다. 하물며 먼
곳은 수십 리, 가까운 곳도 몇 리나 떨어져 있는 경우는 말해 무엇하
겠는가.

내가 헤아려 보건대, 월나라의 병력이 비록 많다고는 하지만 어찌 이

것으로 승패가 결정되겠는가? 그러므로 승리란 만들어지는 것이니 적이 비록 많을지라도 적으로 하여금 전투를 할 수 없게 만들면 되는 것이다.

해설

적의 움직임과 허실을 살펴 싸울 장소와 그 시기를 알고 있다면 이는 곧 전쟁의 주도권을 장악한 것이다. 그러나 상대방의 그것을 파악하지 못하는 자는 늘 수동적인 위치에 놓이게 된다. 따라서 군사가 아무리 많아도 상대방의 술수에 말려들면 전후좌우로 이를 분산시킬 뿐 집중된 힘을 떨칠 수 없는 것이다. 이렇게 약화된 적을 상대로 집중된 병력을 투입하여 친다면 크게 무찌를 수가 있다. 승리란 결국 지혜로운 이에 의해 만들어지는 것이다.

적의 동정을 정확히 파악하라

故로 策之而知得失之計하고 作之而知動靜之理하며
고   책지이지득실지계   작지이지동정지리

形之而知死生之地하고 角之而知有餘不足之處니라
형지이지사생지지   각지이지유여부족지처

그러므로 적의 사정을 살펴서 작전에 이롭고 불리함을 판단하고, 적을 자극하여 그 움직임의 유형을 알고 적의 대비태세를 드러내게 한다. 적의 진지가 죽을 땅인지, 살 땅인지를 확실히 살피고, 적과 겨루어 보아 그 병력의 우세한 곳과 약세한 곳을 파악해야 한다.

해설

싸움에 임하기 전에 장수가 파악해야 할 네 가지 사항에 대해 언급하고 있다.

첫째, 전투로 인한 아군의 이익과 손해를 계산해 보는 것이다. 둘째, 적을 자극하여 그 대비태세의 유형을 파악하는 것이다. 셋째, 적진에 쳐들어갈 경우 그 지형이 아군에게 유리한 곳인지, 불리한 곳인지를 살피고 넷째, 탐색전으로 적의 병력배치의 약점과 장점을 살펴야 한다.

이 네 가지 사항에 대한 정보수집과 이에 대한 합리적 분석은 승리에 이르는 지름길이 된다.

진정한 전술은 아무도 알지 못하는 것이다

故로 形兵之極은 至於無形하나니
고   형병지극   지어무형

無形則深間이 不能窺하며 智者도 不能謀니라
무형즉심간   불능규   지자   불능모

因形而錯勝於衆이나 衆不能知하나니
인형이조승어중   중불능지

人皆知我에 所以勝之形이나 而莫知吾所以制勝之形이라
인개지아   소이승지형   이막지오소이제승지형

故로 其戰勝不復는 而應形於無窮이니라
고   기전승불부   이응형어무궁

그러므로 군형軍形의 극치는 그 형태가 눈에 띄지 않는 데 있다. 그 형태가 눈에 띄지 않으면 깊이 스며든 첩자도 엿볼 수 없고, 아무리 지혜로운 적장이라 하더라도 능히 계략을 세우지 못할 것이다. 여러 사람들은 그 무형無形으로 인한 승리를 보고도 그 내용을 알지는 못한다. 다시 말하자면 군사들은 아군이 승리할 때의 전투태세는 알고 있으나, 어떤 계략으로 이길 수 있었는지는 이해하지 못하는 것이다. 따라서 한 번 싸움에 이긴 방법은 두 번 되풀이해서는 안 되고, 상황에 따라 대응하는 계략과 전술은 무궁무진해야 한다.

전쟁에서는 진형이라고 보이는 뚜렷한 것을 만들지 말아야 한다. 어느 것이라도 짐작할 수 없도록 언제, 어느 때든 달리하여 싸울 수 있어야 한다. 아무리 은밀하게 탐색을 해도 실체를 잡을 수 없고, 실체가 일정하지 않으므로 제아무리 지모가 뛰어난 명장이라도 그 정체를 추측할 수 없게 해야 한다.

또한 같은 진형은 반복해서는 안 되고, 때에 따라 무한하게 생겨나야 하는 것이다.

군의 태세에는 일정한 형상이 없어야 한다

夫兵形은 象水니 水之形은 避高而趨下하고
부병형　상수　수지형　피고이추하

兵之形은 避實而擊虛하나니
병지형　피실이격허

水因地而制流하고 兵因敵而制勝이라
수인지이제류　　병인적이제승

故로 兵無常勢하고 水無常形하니
고　병무상세　　수무상형

能因敵變化하여 而取勝者는 謂之神이니라
능인적변화　　이취승자　위지신

故로 五行은 無常勝하고 四時는 無常位하며
고　오행　무상승　　사시　무상위

日有短長하고 月有死生이라
일유단장　　월유사생

군대의 태세는 물과 같아야 하니 물의 형세는 높은 곳을 피하고 낮은 곳으로 흐르며, 군대의 태세는 견고한 데를 피하고 빈틈을 치는 것이다. 물은 지형에 의해 흐름이 정하여지고, 전쟁은 적으로 말미암아 승리가 결정된다. 그러므로 전쟁에는 고정된 형세가 없고, 물에도 일정한 형상이 없다. 적의 태세에 따라 변화함으로써 승리를 거두는 것을 일러 신묘하다고 한다. 따라서 오행에는 항상 이기는 것이 없고, 네 계절도 돌고 도는 것이다. 또한 하루해에도 짧고 긴 날이 있고 달도 차고 기우는 것이다.

물에 일정한 형상이 없듯 군대의 태세에도 정해져 있는 일정한 상태라는 것이 있을 수 없다. 우주 간의 오행은 항상 변화해가고 1년 4계절의 기후도 그때그때 변화해가는 것으로 일정한 상태라는 것이 없다. 해도 여름이 있고, 겨울이 있어서 그 계절에 따라 길어졌다 짧아졌다 하며, 달도 둥글게 찰 때가 있고 기울 때가 있어서 하루하루 그 모습을 바꾸는 것이다. 물이 모양과 흐름을 바꾸듯 다양한 전술로 응전하는 것, 이것이 진정으로 전쟁을 아는 장수의 모습이다.

제7편

군쟁軍爭

'군쟁軍爭'이란 어떻게 상대방보다 먼저 승리를 결정짓는 조건을 쟁취하며,
유리한 위치를 선점하느냐 하는 것이다.
앞의 여섯 편이 전쟁에서 승리하기 위한 병법의 이론이라면
「군쟁」부터 13편「용간用間」까지는
실제적인 응용 편에 해당한다고 할 수 있다.

군쟁이 어려운 이유

孫子曰 凡用兵之法은 將受命於君하고
손자왈 범용병지법 　장수명어군

合軍聚衆하며 交和而舍니 莫難於軍爭이라
합군취중 　　교화이사 　막난어군쟁

軍爭之難者는 以迂爲直하고 以患爲利니라
군쟁지난자 　이우위직 　　이환위리

故로 迂其途하여 而誘之以利하면 後人發하여 先人至하나니
고 　우기도 　　이유지이리 　　후인발 　　선인지

此는 知迂直之計者也라
차 　지우직지계자야

손자가 말하였다.

대체로 용병의 원칙은 장수가 군주로부터 명을 받고, 군사를 징집하여 군대를 편성해 출전하여 적과 대치하는 것인데, 군쟁보다 어려운 것이 없다. 군쟁이 어려운 것은 먼 길로 돌아가면서도 곧바로 가는 것처럼 하고, 전쟁에 불리한 조건을 유리하게 바꿔야 하기 때문이다. 그러므로 그 길을 돌아서 가는 것처럼 하여 적에게 유리한 듯 유인하면 나중에 출발한 군대가 먼저 도착하는 것이니, 이를 '먼 길로 돌아가면서도 곧바로 가는 것처럼' 하는 계책을 안다고 하는 것이다.

해설

장수가 군주의 명을 받아 군대를 출동시킬 때 우회의 전략을 구사하는 것은 바로 적이 예상하는 진격로를 벗어나기 위한 계책이다. 즉 아군의 기동機動을 눈치채지 못하게 하여 나중에 출발해도 먼저 도착한다는 원리이니, 이것이 바로 우직지계迂直之計인 것이다. 먼 길로 돌아가면서도 곧바로 가는 것처럼 하고, 전쟁에 불리한 조건을 유리하게 바꾸는 일은 결코 실행하기 쉽지 않은 방법으로, 이는 불리한 지형이나 상황을 상대가 예측하지 못하는 방향으로 이끌어 아군에게 유리한 국면으로 바꾸는 전략이다.

원정은 멀수록 불리하다

故로 軍爭은 爲利하고 軍爭은 爲危니라
고　軍爭　위리　　軍爭　위위

擧軍而爭利則不及하고 委軍而爭利則輜重捐이니라
거군이쟁리즉불급　　위군이쟁리즉치중손

是故로 卷甲而趨하여 日夜不處하고 倍道兼行하여
시고　권갑이추　　일야불처　　배도겸행

百里而爭利하면 則擒三將軍이라
백리이쟁리　　즉금삼장군

勁者先하고 罷者後하며 其法은 十一而至니라
경자선　　파자후　　기법　십일이지

五十里而爭利하면 則蹶上將軍이니 其法은 半至니라
오십리이쟁리　　즉궐상장군　　기법　반지

三十里而爭利하면 則三分之二至니라
삼십리이쟁리　　즉삼분지이지

是故로 軍無輜重則亡하고 無糧食則亡하며 無委積則亡이니라
시고　군무치중즉망　　무량식즉망　　무위적즉망

그러므로 군쟁은 유리한 것이 되기도 하고, 위험한 것이 되기도 한다.
전군을 출동시켜 이로움을 다투면 기동력이 둔화되어 일찍 목적지에 이르지 못하게 되며, 일부의 군사를 남겨두고 싸우고자 하면 싸움터로 가는 군수물자를 버려야 하는 것이다. 갑옷과 투구를 벗어던지고 길을 달려 밤낮으로 쉬지 않고 두 배의 속도로 행군해 모든 부대가 100리에 걸쳐 이로움을 다투면 삼장군이 사로잡히게 된다. 강한 자는 먼저 가고 피로한 자는 뒤처지게 되니, 이런 방법으로는 병력의 10분의 1만 전쟁터에 도착하게 된다. 50리에 걸쳐 이로움을 다투면 상장군을 잃게 되고, 이런 방법으로는 병력의 절반만이 도착하게 된다. 30리에 걸쳐 이로움을 다투면 병력의 3분의 2만 도착하게 된다. 이 때문에 군대는 장비가 없어 패망하고 양식이 없어서 패망하며 남겨 쌓아둔 물자가 없어서 패망하게 된다.

해설

영양왕 23년, 수나라의 양제는 113만 3천여 명의 병력으로 고구려를 정벌하러 떠났다. 이 가운데 우문술과 우중문이 거느린 별동대 30만 5천 명은 노하와 회원에서 떠날 때 1인당 100일 분의 식량과 말먹이를 지급받는다. 그러나 군사들은 이 무거운 짐을 짊어지고 갈 도리가 없어 상당한 분량의 식량을 천막 아래에 묻어버렸다. 그 결과 원정 도중에 식량이 모자라 굶주리게 되었다.

우문술은 식량이 바닥나 돌아가고자 했으나 우중문이 반대하였다.

"우리가 대군을 거느리고도 하찮은 적을 무찌르지 못하면 무슨 낯으로 천자를 뵙겠소?"

이들의 군대는 압록강을 건너 고구려 군사들을 추격했다.

을지문덕은 적군이 굶주리고 있음을 알고 이들을 더욱 지치게 하기 위해 싸울 때마다 일부러 지는 체하며 달아났다. 수나라 군사들은 하루에 일곱 번 싸워 일곱 번을 다 이기자 이미 고구려를 정복한 것으로 믿었다. 그들은 살수를 건너 평양성 30리 밖에 이르러 진을 쳤다. 이때 을지문덕이 우중문에게 조롱하는 시를 지어 보냈다.

"싸움마다 이겨 이미 큰 공을 세웠으니, 흡족한 마음으로 그만 돌아가시지요."

우중문은 답장을 보내어 항복하기를 종용했다. 이에 을지문덕은 사자를 보내어 이렇게 말하게 한다.

"군사를 돌린다면 우리 임금을 모시고 알현하겠소."

우문술은 군사들이 굶주리고 지쳐 더 이상 싸울 수도 없고, 또한 평양성이 견고하여 쳐서 빼앗을 수도 없음을 알고 군사를 돌이켰다. 이들이 살수에 이르러 반쯤 건넜을 때 고구려 군사들이 그 후미를 치자, 적장 신세웅은 전사하고 수많은 무리가 잇달아 쓰러져 갔다. 이리하여 요동 땅을 밟게 된 수나라의 군사는 겨우 2천 7백 명에 지나지 않았다고 한다.

전쟁에 앞서 알아야 할 세 가지

故로 不知諸侯之謀者는 不能豫交하고
고　부지제후지모자　불능예교

不知山林險阻沮澤之形者는 不能行軍하며
부지산림험조저택지형자　불능행군

不用鄕導者는 不能得地利니라
불용향도자　불능득지리

그러므로 제후의 속셈을 알지 못하면 교류를 할 수 없고, 산림이나
험지, 늪지 등의 지세를 알지 못하면 행군을 할 수 없으며, 그 지방의
길잡이를 이용하지 않으면 지리상의 이점을 얻을 수 없다.

해설

손무는 제후들이 전략·지형·향도, 이 세 가지를 운용하지 못하면 매우 무모한 싸
움이 될 수밖에 없다고 하였다. 즉 외교관계, 지형적 조건 파악, 현지 사정에 능통한
이들의 도움이 있어야 정확하게 기동할 수 있다는 것이다. 지형을 강조하는 이유는
용병과 포진이 일정한 공간에서 이루어지기 때문이다. 자연조건은 공격과 수비에 결
정적인 영향을 미치며, 이는 천天·지地·인人, 세 가지를 아는 자는 승리하고 그렇
지 못한 자는 패한다는 말에 이미 표현되어 있다.

군쟁의 원칙

故로 兵以詐立하고 以利動하며 以分合으로 爲變者也라
고　병이사립　　이리동　　이분합　　위변자야

故로 其疾如風하고 其徐如林하며 侵掠如火하고
고　기질여풍　　기서여림　　침략여화

不動如山하며 難知如陰하고 動如雷震이라
부동여산　　난지여음　　동여뢰진

掠鄕分衆하고 廓地分利하며 懸權而動이라
약향분중　　곽지분리　　현권이동

先知迂直之計者는 勝하나니 此는 軍爭之法也라
선지우직지계자　　승　　차　군쟁지법야

그러므로 전쟁이란 적을 속임으로써 성립하고, 유리한 상황일 때 움직이며, 병력을 분산하거나 통합하여 변화를 일으키는 것이다. 따라서 그 행동의 신속함은 바람과 같고, 고요할 때는 숲과 같으며, 쳐들어 갈 때는 불길과 같고, 움직이지 아니할 때는 산과 같으며, 그 동정을 알 수 없음은 어둠과 같고, 움직일 때는 벼락이 치는 것과 같다. 적의 고을을 약탈하면 노획물은 나누고, 적의 땅을 점령하여 얻은 이득은 공정하게 분배하며, 상황의 변화에 따라 움직인다. 돌아가면서도 곧바로 가는 듯한 묘수를 지닌 이가 승리하는 것이니, 이는 군쟁의 원칙이다.

손무孫武의 후예인 손빈孫矉은 일찍이 방연龐涓과 함께 병법을 공부했다. 손빈의 재주를 시기한 방연은 위나라에 가서 장군이 된 후 그를 초청한 뒤 없는 죄를 뒤집어씌워 손빈의 발목을 끊고 이마에는 글씨를 새겨 넣었다. 손빈을 사회적으로 매장시키고자 한 짓이었다.

그 뒤 위나라 수도 대량을 방문한 제나라 사신이 손빈을 제나라에 데리고 가서 장군 전기田忌에게 소개하였다. 손빈의 재능을 알게 된 전기는 제나라 위왕에게 그를 천거한다. 그 뒤 위나라 군대가 조나라에 쳐들어오자, 조나라는 제나라에 도움을 청했다. 위왕은 전기를 사령관으로, 손빈을 군사軍師로 삼아 작전을 짜도록 하였다. 출정하기에 앞서 손빈이 전기에게 말했다.

"싸움은 적이 노리고 있는 점을 저지할 게 아니라 그들의 허점을 쳐야 이길 수 있습니다. 지금 위와 조가 싸우고 있기 때문에 위나라 수도 대량大梁은 무방비 상태나 다름없습니다. 이때 우리가 재빨리 그곳을 점령하면 위군은 자기네 수도를 구하기 위해 조나라에 대한 공격을 중단하게 됩니다. 이는 한번 출병하여 조나라의 포위를 풀고, 또한 위나라를 약화시키는 겁니다."

전기는 손빈의 계략대로 군사를 움직였고 허점을 공격당한 위나라 군사는 조나라 수도 한단邯鄲을 떠나 급히 돌아갔다. 제나라 군사는 이를 계릉에서 맞이하여 크게 무찔렀다.

그 후 15년의 세월이 흐르자 이번에는 위나라가 조나라와 합세하여 한나라를 공격했다. 한나라의 구원 요청을 받은 제나라는 전기를 사령관으로 삼아 이를 구하게 한다. 전기는 이번에도 곧바로 대량을 향해 진격하였다. 위나라 장수 방연은 이 소식을 접하자마자 즉시 한나라를 떠나 귀로에 올랐다. 그러나 이미 국경을 넘은 제나라 군대는 계속 앞으로 나아갔다. 이때 작전 참모격인 손빈이 사령관 전기에게 계략을 올린다.

"본래 삼진(三晉, 한·위·조)의 군사들은 제나라 군사를 겁이 많다고 해서 멸시하고 있습니다. 우리가 더욱 약한 꼴을 보이면 그들은 급히 추격하게 될 것입니다. 오늘부터 숙영지를 옮길 때마다 밥하는 아궁이 수를 줄이십시오. 오늘은 10만 개, 내일은 5만 개, 모레는 3만 개, 이렇게 줄이도록 해야 합니다."

전기는 이 계략을 즉시 실행하였다. 제나라 군사를 추격하던 방연은 사흘째에 이르러 이렇게 말했다.

"제나라 군사들이 겁쟁이라는 것은 익히 알고 있었지만 과연 그렇구나. 우리나라에 들어온 지 사흘 만에 이미 탈영병이 반을 넘고 있으니."

그리고는 곧 보병은 뒤에 두고 기병만을 이끌고 급히 추격해 왔다.

한편 손빈은 추격군의 속도를 어림해 보아 저녁 무렵이면 마릉에 이르리라 생각했다. 마릉은 길이 좁고 좌우에 험준한 산이 있어 복병을 쓸 수가 있었다. 손빈은 길옆에 서 있는 큰 나무의 껍질을 벗기고 거기에다 "방연은 이 나무 아래서 죽으리라."고 적어 놓았다. 그리고 활 잘 쏘는 자들을 뽑아 숨어 있도록 한 후에 이렇게 명했다. "이곳에 불이 밝혀지거든 즉시 쏘도록 하라."

날이 어두워진 뒤에 그 나무 밑에 이른 방연은 쓰인 글을 읽기 위해 불을 밝혔다. 숨어 있던 제나라 군사들은 일제히 활을 쏘았다. 위나라 군사는 공포에 휩싸인 채 쓰러져 갔다. 이 소용돌이에서 빠져나올 수 없음을 안 방연은 "결국 그놈의 이름만 남기게 해주었구나."라고 탄식하며 칼로 목숨을 끊었다.

제나라 군사는 위나라 군사를 크게 무찌르고, 위나라 태자 신申을 생포하여 귀국하였다. 손빈은 이 싸움으로 그 이름이 세상에 널리 알려지게 되었고, 그의 병법 또한 후세에 전해지게 된다.

징과 북과 깃발을 쓰는 이유

軍政에 曰 言不相聞이라 故로 爲金鼓하고
군정　왈 언불상문　고　위금고

視不相見이라 故로 爲旌旗라 하니
시불상견　고　위정기

夫金鼓旌旗者는 所以一人之耳目也라
부금고정기자　소이일인지이목야

民旣專一하면 則勇者도 不得獨進하고 怯者도 不得獨退하나니
민기전일　즉용자　부득독진　겁자　부득독퇴

此는 用衆之法也니라
차　용중지법야

故로 夜戰에는 多火鼓하고 晝戰에는 多旌旗하니
고　야전　다화고　주전　다정기

所以變民之耳目也라
소이변민지이목야

故로 三軍可奪氣하고 將軍可奪心이라
고　삼군가탈기　장군가탈심

옛 병서인『군정』에 이르기를 "말을 하여도 서로 들리지 않으므로 징과 북을 쓰며, 보려고 하여도 서로 보이지 않으므로 깃발을 쓰는 것

이다."라고 했다. 무릇 징과 북, 깃발은 군대의 귀와 눈을 하나로 합하기 위함이다. 군대의 움직임이 하나로 합하게 되면 용기 있는 자도 혼자서 나아가지 못하고, 비겁한 자도 홀로 물러나지 못할 것이니 이것이 많은 병력을 다루는 원칙이다. 그러므로 야간 전투에서 횃불과 북을 많이 쓰고, 대낮의 전투에서 깃발을 많이 쓰는 것은 바로 적의 귀와 눈을 어지럽게 하기 위함이다. 그러므로 전군의 사기를 꺾을 수 있고, 장수의 마음을 어지럽힐 수 있는 것이다.

해설

징이나 북, 깃발은 신호표지로써의 기능도 있지만 그보다는 군사들의 이목이나 주의를 끌어당긴다는 점을 주목해야 한다.

군사들이 하나로 통일되어 있으면 특별히 무용에 뛰어나다고 하여 혼자 앞질러나가 공을 세울 수도 없고, 겁이 난다고 하여 혼자 도망칠 수도 없는 일이니, 이것이 대규모의 병력을 다스리는 원칙이다. 따라서 야전을 할 경우에는 필요 이상의 화톳불이나 횃불을 쓰고 힘껏 북을 치며, 대낮의 싸움에서는 될 수 있는 한 깃발을 많이 세움으로써 압도적인 기세를 보여 적군의 기를 꺾고 적장들의 마음에 동요를 일으키는 일종의 심리작전을 펼치는 것이다.

싸움을 걸 때와 기다려야 할 때가 있다

是故로 朝氣는 銳하고 晝氣는 惰하며 暮氣는 歸니라
시 고   조 기 예   주 기 타   모 기 귀

故로 善用兵者는 避其銳氣하고 擊其惰歸하나니 此는 治氣者也라
고   선 용 병 자   피 기 예 기   격 기 타 귀   차   치 기 자 야

以治待亂하고 以靜待譁니 此는 治心者也라
이 치 대 란   이 정 대 화   차   치 심 자 야

以近待遠하고 以佚待勞하여 以飽待飢하나니 此는 治力者也라
이 근 대 원   이 일 대 로   이 포 대 기   차   치 력 자 야

無邀正正之旗하고 勿擊堂堂之陣이니 此는 治變者也라
무 요 정 정 지 기   물 격 당 당 지 진   차   치 변 자 야

본시 군대는 아침에는 기세가 날카롭고, 낮에는 느슨해지며, 저녁에는 기세가 사라진다. 따라서 군사를 잘 쓰는 이는 적의 기세가 날카로울 때를 피하고, 느슨해지고 사라질 때에 치는 것이다. 이것이 바로 기세를 다스리는 요령이다. 아군은 정돈된 태세로써 적의 혼란을 기다리며, 엄숙한 군기를 가지고 적의 해이함을 공격한다. 이것이 곧 심리를 다스리는 요령이다. 아군은 가까운 곳에서 먼 곳에서 온 적을 기다리고, 편안함으로써 적이 지치기를 기다리며, 배부르게 먹고 마심으로써 적의 굶주림을 기다린다. 이것이 바로 힘을 다스리는 요령이다. 질서정연하게 군기를 들고 다가오는 적과는 맞서 싸우지 말고, 당당하게 위용을 갖춘 적진은 공격하지 말라. 이것이 곧 정세의 변화를 다스

리는 요령이다.

해설

여기서는 전투에 앞서 적을 다스리는 네 가지 요령에 대해 언급하고 있다. 첫째, 적군이 사기가 왕성할 때는 싸움을 피하고, 지치고 해이해질 때를 기다려야 한다. 이는 적군의 기세를 다스리는 요령이다. 둘째, 아군은 안정과 질서를 유지함으로써 적의 혼란을 기다린다. 이는 적군의 심리를 다스리는 요령이다. 셋째, 아군은 휴식과 배부름으로써 적군의 피로와 굶주림을 기다린다. 이는 적군의 전투력을 다스리는 요령이다. 넷째, 질서정연한 적군과 위용을 갖춘 적의 진지는 공격하지 말아야 한다. 이는 상황의 변화를 다스리는 요령이다. 이와 같은 네 가지 사항을 제대로 다스릴 수 있는 장수라면 결코 패배하는 일은 없을 것이다.

용병의 원칙

故로 用兵之法은 高陵勿向하고 背丘勿逆하며 佯北勿從하고
고   용병지법   고릉물향   배구물역   양배물종

銳卒勿攻하며 餌兵勿食하고 歸師勿遏하며
예졸물공   이병물식   귀사물알

圍師必闕하고 窮寇勿迫하며 絶地勿留니 此는 用兵之法也라
위사필궐   궁구물박   절지물류   차 용병지법야

무릇 용병의 원칙은 높은 언덕에 있는 적과는 싸우지 말고, 언덕을 등지고 있는 적과 맞서 싸우지 말며, 거짓 패하여 달아나는 적을 뒤쫓지 말아야 한다. 또한 적의 정예부대는 공격하지 말며, 미끼로 내놓은 적군과는 응전을 하지 말고, 돌아가는 적의 퇴로를 막지 말아야 한다. 적군을 포위할 때는 반드시 물러날 틈을 열어주고, 막다른 지경에 몰린 적을 몰아붙이지 말며, 길이 끊긴 지형에는 머물지 말아야 한다. 이것이 용병의 원칙이다.

해설

임진왜란이 일어나자 명나라에서는 제독 이여송李如松에게 군사 5만 명을 주어 조선을 돕도록 한다. 이여송은 평양성을 수복한 다음, 여세를 몰아 남하하였다. 그는 파주에 이르러 군사들을 쉬게 하며, 적의 동태를 살폈다. 당시 왜장 고바야카와는 명군을 요격하고자 북상 중에 있었다. 이에 왜군의 선봉과 명의 부총병 사대수査大受 및 우리나라 장수 고언백의 군사 수백 명은 벽제관의 남쪽 여석령에서 소규모의 접전을 벌이고 왜군 백여 명을 죽이는 전과를 거둔다. 이 소식을 들은 이여송은 주력부대인 보병은 뒤에 둔 채 기병만을 이끌고 달려왔다. 이때 고바야카와는 여석령 뒤쪽

에 대군을 매복한 채, 수백 명만 고개 위에 주둔시킨다. 명군을 유인하기 위해 미끼로 내놓은 군사였던 것이다. 이여송은 고개 위에 있는 적이 소수인 것을 보고는 기병을 좌우로 벌린 채 접근하였다. 왜군도 이에 맞서 아래로 내려왔다. 적군과 아군 간의 거리가 좁혀지자 지금까지 숨어 있던 적들이 고개를 넘어 내려오기 시작했다. 명나라 기병들은 갑자기 나타난 적의 대군을 보고는 함정임을 알고 후퇴하려 하였으나 이미 때가 늦었다. 당시 명군은 조총이 없었고, 짧고 무딘 칼을 지녔을 뿐이었다. 이에 반하여 왜군은 길고 날카로운 일본도와 성능이 우수한 조총으로 무장하고 있었다.

전투가 벌어지자 적의 칼날과 집중사격을 당해내지 못한 명군은 힘없이 쓰러져 갔다. 이들은 늦게나마 부총병 양원楊元이 거느린 화병火兵들의 도움으로 간신히 포위망을 뚫고 파주 방면으로 후퇴하였다.

그후 이여송은 개경에서 군사를 주둔시킨 채 적정을 살피다가 마침내 평양으로 철수하고 만다. 이여송의 벽제관 싸움은 미끼로 내놓은 적군을 공격하다가 복병에 걸려 패배의 쓴잔을 마신 경우에 해당될 것이다.

제8편

구변九變

「구변九變」의 내용은 그 명칭만큼이나 변화무쌍하며,
문장의 전후 맥락에 통일성이 없고 서술방식도 특이하다.
체계 또한 제대로 잡히지 않아 혼란스러운 편으로 알려져 있다.
핵심은 전쟁이란 늘 유동적이며, 변수가 따르게 마련이니
장수된 이는 상황의 변화에서 초래되는 유리함과 불리함을 고려하여
공격과 대비태세를 갖추어야 함을 강조하는 것이다.

九變

지형에 따른 전략

孫子曰 凡用兵之法은 將受命於君하여 合軍聚衆하되
손자왈 범용병지법   장수명어군   합군취중

圮地無舍하며 衢地合交하고 絶地無留하며
비지무사   구지합교   절지무류

圍地則謀하고 死地則戰 하느니라
위지즉모   사지즉전

손자가 말하였다.

무릇 전쟁을 수행하는 방법은 장수가 군주의 명령을 받아 군사를 징집하여 군대를 편성하되, 움푹 파이고 축축한 땅에는 주둔하지 말아야 하며, 사통팔달의 땅에서는 외교관계를 잘 맺어야 하며, 길이 끊어진 곳에서는 오래 머무르지 않아야 하며, 포위되기 쉬운 지형에서는 조속히 빠져나갈 책모를 세우며, 사지에서는 죽기 살기로 싸워야 한다.

해설

수레와 말도 지날 수 없을 정도로 진퇴가 부자유한 토지에는 머무르지 않는 것이 좋다. 반대로 인접국과의 교통 요충지역에서는 그 인접국과의 접촉에 만사 조심해야 한다. 또 인가에서 멀리 떨어진 불모의 토지에서 오래 머무르는 것은 금물이며, 출구가 적고 사방이 산과 강으로 둘러싸인 지세에서는 만일을 대비해야 한다. 부득이한 사정으로 진퇴가 여의치 않는 곳으로 들어갔을 때는 전력을 다하여 싸우는 수밖에 없다. 전쟁에서는 입지조건이 중시되고, 그것에 맞추어서 적당한 조치를 취하는 것이 중요하다는 말이다.

싸워서는 안 될 적이 있으며, 받들지 않을 명령이 있다

塗有所不由하고 軍有所不擊하며
도 유 소 불 유   군 유 소 불 격

城有所不攻하고 地有所不爭하며 君命有所不受니라
성 유 소 불 공   지 유 소 부 쟁   군 명 유 소 불 수

가서는 안 될 길이 있고, 싸워서는 안 될 적이 있으며, 공격해서는 안
될 요새가 있고, 다투어서는 안 될 땅이 있으며, 군주의 것이라도 받
아들여서는 안 될 명령이 있다.

해설

전쟁은 늘 적의 실實을 피하고, 허虛를 찔러야 이길 수 있다. 따라서 작전상 편리한
길을 피하고, 험난한 길을 가야 할 때도 있게 마련이다. 또한 요새도 공격해서는 안
될 요새가 있다. 러일전쟁 때 일본군은 견고한 여순 요새를 정면으로 공격하여 비록
승리하였으나 막대한 희생을 치러야만 했다. 만일 이때 일본군이 여순 요새를 견제
하며, 일부의 병력으로 시베리아 철도를 파괴하는 우회전술을 구사했더라면 러시아
군의 전쟁 수행 능력을 이내 마비시킬 수 있었을 것이다.

지형에도 빼앗고자 다투어서는 안 될 곳이 있다. 예컨대 구릉 지대로 둘러싸인 좁고
막힌 지형에서 대군이 소수의 적군에게 기습을 당한다면 그 병력을 전개할 수 없어
결국은 패하게 될 것이다. 이런 곳에는 군대를 주둔시키지 말고 빨리 빠져나오는 것
이 상책이다. 그리고 군주는 야전군 사령관의 작전에 대해서 간섭을 하지 말아야 한
다. 물론 선전 포고를 하고 장수를 임명하는 것은 군주의 권한에 속하는 것이나 현지
의 지휘관이 효과적으로 작전을 수행하기 위해서는 폭넓은 재량권이 주어져야만 한
다. 싸움터에서 지휘관은 늘 임기응변해야 하기 때문이다.

고구려 원정 시 수양제는 장수에게 현지 상황을 보고하게 한 후 손수 작전 지시를
내린 바 있다. 장수의 재량권을 허용치 않는 이런 조처 때문에 고구려는 늘 완벽한

대비태세를 갖출 수 있었다. 또한 제2차 세계대전 당시 제3제국의 총통 아돌프 히틀러는 북아프리카 롬멜 군단의 철수를 허락하지 않아 전 병력을 궤멸케 했으며, 러시아 전선의 독일군에게도 사수하라는 명령으로만 일관하여 파멸을 초래하였다.

이렇게 통치권자가 군대의 진격과 후퇴에 일일이 간섭한다면 현지 지휘관의 발목을 묶는 결과가 되고 만다. 그러므로 손무는 이와 같은 부당한 조처에 대해서 때로는 거부할 수 있어야 함을 강조한 것이다.

장수는 임기응변에 능해야 한다

故로 將通於九變之利者는 知用兵矣요
고　　장통어구변지리자　　지용병의

將不通於九變之利者는 雖知地形이나 不能得地之利矣요
장불통어구변지리자　　수지지형　　불능득지지리의

治兵에 不知九變之術이면 雖知五利나 不能得人之用矣라
치병　부지구변지술　　수지오리　불능득인지용의

그러므로 장수란 아홉 가지 변화의 이로움에 능통해야만 싸우는 법을 아는 것이다. 장수로서 아홉 가지 변화의 이로움에 능통하지 못하면 비록 지형을 안다 해도 지형의 이점을 얻을 수 없다. 군대를 다스리는 데 아홉 가지 변화의 전술을 활용하지 못하면 비록 다섯 가지 이로움을 안다 해도 그것들을 제대로 쓸 줄 모르는 것이다.

해설

여기서 아홉 가지 변화란 0의 개념이 없던 시대에 9를 다수多數로서 표현한 것으로 추측된다. 또한 다섯 가지 이로움이란 앞에서 언급된 비지, 구지, 절지, 위지, 사지, 이 다섯 지형에서의 유리한 기동 양식을 의미하는 것으로 보인다.

다시 말해 장수는 때와 장소에 따라 임기응변하는 능력이 있어야만 하며, 이와 같은 능력과 자질을 갖추지 못한 자는 비록 지형을 알고 있더라도 그것을 아군에게 유리하게 이용하지 못한다는 것이다. 또한 군대를 지휘하더라도 그때그때의 상황에 의한 다양한 전술을 구사하지 못한다면 군사들의 전투력을 제대로 활용하지 못한다는 것이다.

모든 상황에는 유리함과 불리함이 함께 있다

是故로 智者之慮는 必雜於利害하나니
시고 　지자지려 　필잡어리해

雜於利하면 而務를 可信也하고 雜於害하면 而患을 可解也니
잡어리 　이무 　가신야 　잡어해 　이환 　가해야

是故로 屈諸侯者는 以害하고 役諸侯者는 以業하며
시고 　굴제후자 　이해 　역제후자 　이업

趨諸侯者는 以利니라
추제후자 　이리

그러므로 지혜로운 장수는 반드시 이로움과 해로움을 동시에 염두에 둔다. 이로움을 생각해 두면 하는 일에 소신을 가질 수 있고, 해로움을 생각해 두면 환난에 대비할 수 있다. 따라서 적국의 제후를 굴복시킬 수 있는 것은 해로움을 보여줌으로써 그것을 알게 하기 때문이고, 적국의 제후를 부리는 것은 쓸데없는 일에 힘을 쓰게 하기 때문이며, 적국의 제후를 달려오게 하는 것은 이로움을 보여주기 때문이다.

해설

전쟁도 여느 세상일과 마찬가지로 유리함 속에서도 불리함이 있고, 불리함 속에서도 유리함이 스며 있게 마련이다. 따라서 최악의 상황에 처하더라도 절망하지 않고 방법을 찾으면 도리어 승리의 전환점으로 삼을 수 있다. 예컨대 6·25 전쟁 시 유엔군 사령관 맥아더는 아군이 낙동강 전선에서 인민군의 주력과 힘겨운 싸움을 하는 그 시기에 일부의 병력을 인천에 상륙시켜 일거에 전세를 역전시켰다. 이렇게 탁월한 지휘관은 단 한 번의 작전으로 불리한 전세를 유리한 국면으로 돌리는 것이다.

만반의 준비가 되어 있으면 두려울 것이 없다

故로 用兵之法이 無恃其不來하고 恃吾有以待也하며
고   용병지법   무시기불래   시오유이대야

無恃其不攻하고 恃吾有所不可攻也라
무시기불공   시오유소불가공야

그러므로 용병의 원칙은 적이 공격해 오지 않을 것이라고 믿지 않고
아군이 대적할 방책을 믿으며, 적이 공격하지 않으리라는 것을 믿지
않고 적이 아군을 공격할 수 없게 하는 것을 믿는 것이다.

해설

적이 공격하지 않을 것이라는 생각보다는 공격을 당해도 문제없다는 준비를 하는
것이 좋다는 뜻이다.

이순신의 함대가 견내량見乃梁에서 왜선과 대치할 때의 일이다. 어느 달 밝은 밤, 이
순신은 갑옷을 입은 채 북을 베개 삼아 누웠다가, 갑자기 일어나 술을 가져오게 하여
한 잔을 마셨다. 그러고 나서 부하들을 불러 모아 이렇게 명했다.

"왜인은 원래 교묘한 무리들이오. 달빛이 없을 때는 아군을 기습할 것이나, 오늘처럼
달빛이 밝을 때도 쳐들어 올 수가 있소. 그러니 경계를 느슨히 해서는 아니 되오."

그리고는 나팔을 불어 모든 함선의 닻을 걷어 올리게 한 후, 척후선을 보내어 적선의
동태를 살피도록 했다. 잠시 후 척후병이 달려와서 적의 함대가 접근해 오고 있음을
알렸다. 그 시각은 달이 서산에 걸려 산 그림자가 바다에 드리워져 한쪽 면이 그늘져
있을 때였다. 그 그늘진 곳을 따라 왜선들이 은밀히 아군의 함선으로 다가오고 있었
던 것이다. 우리 측 함대가 대포를 쏘며 함성을 지르자, 적선도 이에 응해 조총을 쏘
기 시작하였다. 그러나 이내 적군은 아군의 방어 태세가 만만치 않음을 알고는 더 이
상 접근하지 못하고 물러가고 만다. 이에 이순신의 부하들은 그의 심모원려深謀遠慮
에 새삼 탄복하였다고 한다.

장수가 경계해야 할 다섯 가지 잘못

故로 將有五危하니
고   장유오위

必死면 可殺也요 必生이면 可虜也라
필사   가살야   필생   가로야

忿速이면 可侮也며 廉潔이면 可辱也요 愛民이면 可煩也라
분속   가모야   염결   가욕야   애민   가번야

凡此五者는 將之過也요 用兵之災也니
범차오자   장지과야   용병지재야

覆軍殺將이 必以五危하나니 不可不察也니라
복군살장   필이오위   불가불찰야

따라서 장수에게는 다섯 가지 위험이 있다. 죽음을 무릅쓰고 싸우면
결국 죽게 되며, 기어코 살기를 각오하면 적에게 사로잡히게 된다. 성
을 잘 내며 성급하면 수모를 당하게 되며, 성품이 지나치게 깨끗하면
도리어 치욕을 당하게 되고, 백성을 지나치게 아끼면 번거로운 일에
말려들게 된다.

대체로 이 다섯 가지는 장수가 범하기 쉬운 잘못이요, 용병상의 재난
이다. 군대가 전멸당하고 장수가 죽음을 당하게 됨은 반드시 이 다섯
가지 위험에서 비롯되니 이를 경계하지 않으면 안 된다.

지휘관은 지혜롭고 훌륭한 인품의 소유자여야 할 것이다. 그러나 일방적으로 치우친 성품이라면 그것 자체가 약점이 된다. 그러므로 지나친 용기나 비겁함은 다 바람직하지 못한 자질일 뿐이다. 용기는 군인의 필수적 자질의 일부에 지나지 않고, 비겁함은 아예 군인으로서 자격이 없기 때문이다.

또한 성을 잘 내며 침착하지 못한 자는 적에게 우롱을 당한다. 일찍이 오장원에서 촉군과 대치하던 위나라의 사마의는 제갈량으로부터 여자 옷을 선물받게 된다. 이는 결전을 기피하는 그를 싸움터로 끌어들이기 위한 술책이었다. 그러나 사마의는 분노를 참으며 사자에게 제갈량의 일상생활에 대한 것만을 물을 뿐이었다. 만일 그가 조급한 성품의 소유자였더라면 적의 심리 전술에 말려들어 대사를 그르쳤을 것이다.

또한 지나치게 지조를 내세우는 자나, 너무 백성을 아끼는 자도 그 융통성 없는 성품으로 인해 적에게 약점을 잡힌다. 이와 같은 장수의 성격적 결함은 결국 군대를 파멸시키는 자기 함정이므로 평소에 깊이 경계해야 하는 것이다.

제9편

행군行軍

「행군行軍」 편에서는 군대가 행군할 때의 요령과
진을 치고 주둔할 때 고려해야 할 사항을 기술하고,
적의 정세와 징후를 관찰하여 상황에 따라 적절하게 판단할 것을 말하고 있다.
구체적으로 지형을 이용하는 법과 적정敵情을 살피고 분석하는 법,
군사들을 교육하고 통솔하는 법에 관해 언급하고 있다.

지형에 따라 군사를 쓰는 법

孫子曰　凡處軍相敵이라
손자왈　범처군상적

絶山依谷하고 視生處高하며 戰隆無登이니
절산의곡　　시생처고　　전륭무등

此는 處山之軍也라
차　　처산지군야

絶水에 必遠水하며 客絶水而來면 勿迎之於水內하고
절수　필원수　　객절수이래　물영지어수내

令半濟而擊之면 利니라
영반제이격지　　이

欲戰者는 無附於水而迎客이요 視生處高하며 無迎水流니
욕전자　무부어수이영객　　시생처고　　무영수류

此는 處水上之軍也라
차　　처수상지군야

絶斥澤에 惟亟去無留니라
절척택　유극거무류

若交軍於斥澤之中이면 必依水草하고 而背衆樹니
약교군어척택지중　　필의수초　　이배중수

此는 處斥澤之軍也라
차　처 척 택 지 군 야

平陸處易에 而右背高하고 前死後生이니
평 륙 처 이　이 우 배 고　전 사 후 생

此는 處平陸之軍也라
차　처 평 륙 지 군 야

凡此四軍之利는 黃帝之所以勝四帝也라
범 차 사 군 지 리　황 제 지 소 이 승 사 제 야

손자가 말하였다.

무릇 군대가 적과 대치함에 있어서는 적정을 잘 살펴야 한다. 산을 넘어서는 골짜기에 의지하고, 시야가 트인 높은 곳을 차지해야 하며, 높은 곳에 있는 적을 올라가면서 공격해서는 안 된다. 이것이 곧 산악지대에서 군사를 쓰는 원칙이다.

강물을 건너면 빨리 물가에서 멀리 떨어져야 한다. 적이 강물을 건너올 때에는 물가에서 이를 맞아 싸우지 말고, 반쯤 건너오게 한 다음에 치는 게 유리하다. 싸움을 하려고 한다면 물가에서 적을 맞이하지 말고, 시야가 트인 높은 곳을 차지하며, 상류에서 내려오는 적을 상대해서는 안 된다. 이것이 곧 물가에서 군사를 쓰는 원칙이다.

늪지대를 건널 때에는 되도록 빨리 건너고 머물지 말아야 한다. 부득이 늪지대에서 적과 싸우게 될 때에는 반드시 수초에 의지하고 우거

진 숲을 등지고 싸워야 한다. 이것이 곧 늪지대에서 군사를 쓰는 원칙이다.

평지에서는 이동이 쉬운 곳에 주둔하고 오른쪽이 높은 곳을 되도록 등지며, 앞쪽은 죽을 수도 있고 뒤쪽은 살 수도 있는 지형에 의지하라. 이것이 평지에서 군사를 쓰는 원칙이다.

무릇 이 네 가지는 용병상 활용해야 할 이점이니, 그 옛날 황제黃帝가 사방의 우두머리와 싸워서 승리를 거두었던 방법이다.

해설

지형과 관련한 용병법에 대해 상당히 구체적으로 이야기하고 있는 대목으로 산악, 물가, 늪지대, 평지 등 네 가지 조건 아래에서 주둔하는 요령에 대해 설명하고 있다.

황제黃帝는 고대의 다섯 제왕인 오제五帝의 첫 번째 인물로 한족漢族의 조상으로 일컬어지는 인물이다. 성은 희씨姬氏이고 이름은 헌원씨軒轅氏라고 한다. 씨족 부락의 우두머리로 추대받아, 기원전 2,700년 경에 황하黃河 중북부의 이민족을 굴복시켜 천하를 통일하였다고 한다. 인류 최초로 도량형과 음악, 역법曆法, 잠업蠶業 등을 창안하여 중국 역사상 문명생활의 기틀을 이룩한 인물로 알려졌다.

군대가 주둔할 곳을 삼가 살펴라

凡軍은 好高而惡下하고 貴陽而賤陰이라
범군   호고이오하   귀양이천음

養生而處實하면 軍無百疾이니 是謂必勝이라
양생이처실   군무백질   시위필승

丘陵隄防에 必處其陽하고 而右背之니
구릉제방   필처기양   이우배지

此는 兵之利요 地之助也라
차   병지리   지지조야

上雨면 水沫至니 欲涉者는 待其定也라
상우   수말지   욕섭자   대기정야

무릇 군대는 높은 지대를 좋아하고 낮은 지대는 싫어하며, 양지바른 데를 소중히 여기고 그늘진 데는 천시한다. 위생에 유의하고 생기 있는 곳에 처하면 군대에 질병이 없어 이를 필승의 태세라고 말하는 것이다. 언덕과 제방이 있는 곳에서는 반드시 양지 쪽에 자리 잡으며, 그것을 오른쪽으로 등지고 진을 쳐야만 한다. 이렇게 하면 전투 시에 이롭고, 또한 지형의 도움을 받을 수가 있다. 상류에서 비가 내려 물거품이 떠내려오면 건너지 말고 가라앉을 때까지 기다려야 한다.

해설

군대가 주둔할 만한 지형과 위생 문제, 구릉 지대와 제방에서 포진하는 방법에 대해서 말하고 있다. 이와 같은 세심한 배려가 곧 승리의 원동력인 것이다.

주둔과 공격에 불리한 곳으로 적을 끌어들여라

凡地에 有絕澗天井天牢天羅天陷天隙하니
범지　유절간천정천뢰천라천함천극

必亟去之하여 勿近也라
필극거지　　물근야

吾遠之면 敵近之요 吾迎之면 敵背之하나니라
오원지　적근지　오영지　적배지

대체로 지형에는 깎아지른 듯 높이 솟은 절벽에 둘러싸인 깊은 계곡, 바깥은 높고 가운데는 낮아 물이 흘러 들어가는 곳, 높은 산들로 둘러싸여 빠져 나오기 어려운 곳, 나무와 풀이 얽혀 군사들이 움직이기 힘든 곳, 늪지대로 수레와 말이 빠져 나오지 못하는 곳, 길은 좁고 지면이 고르지 못해 패인 데가 많은 곳 등이 있으니, 이런 데는 되도록 빨리 지나가야 하며 가까이 해서는 안 된다. 아군은 이런 곳을 멀리하되 적군은 가까이 하도록 하며, 아군은 이를 앞에 두고 적군은 이를 등지도록 해야 한다.

해설

군대가 가까이하지 말아야 할 6가지 지형, 절간絕澗·천정天井·천뢰天牢·천라天羅·천함天陷·천극天隙에 대해 매우 세분화해 이야기하고 있다. 이 여섯 군데의 해로운 지형을 6해害의 땅이라고 하는데, 이와 같이 해로운 장소에는 가급적이면 접근하지 말아야 하며, 부득이 접근할 경우에는 속히 빠져 나오도록 해야 한다.

그러나 아군은 피해서 멀리해야 하지만, 반대로 적군은 이것에 접근하도록 유도하는 것이 좋다. 그러한 곳에서 적과 조우전을 할 때는 험한 지역이 전방이 되도록 위치를 잡고, 적에게는 그것이 배후가 되도록 하는 것이 유리하다. 이 문장은 한마디로 위험 지역에 대한 주의와 그 역이용의 방법이다.

세심한 경계가 필요한 곳

軍旁에 有險阻蔣潢이나 并生葭葦나 山林蘙薈는 必謹覆索之니
군방   유 험 조 장 황   병 생 가 위   산 림 예 회   필 근 복 색 지

此는 伏姦之所處也라
차   복 간 지 소 처 야

군대가 험하고 막힌 골짜기, 물이 고여 있는 웅덩이, 갈대 우거진 늪지, 나무가 무성한 수풀, 풀이 무성한 지대를 통과하거나 주둔할 때는 반드시 철저하게 수색해야 한다. 이러한 지형은 적의 복병이 숨어 있기에 알맞은 곳이기 때문이다.

해설

험난한 곳이나 웅덩이, 갈대밭, 초목이 무성한 곳을 행군할 때는 세심한 경계가 필요하다. 왜냐하면 적의 복병이나 첩자가 숨어 있기에 알맞은 장소이기 때문이다. 따라서 본대가 접근하기에 앞서 정찰대를 보내어 거듭 수색해야 한다.

모든 현상에서 적의 동태를 읽어라

敵近而靜者는 恃其險也요 遠而挑戰者는 欲人之進也요
적근이정자   시기험야   원이도전자   욕인지진야

其所居易者는 利也니라
기소거이자   이야

衆樹動者는 來也요 衆草多障者는 疑也요
중수동자   내야   중초다장자   의야

鳥起者는 伏也요 獸駭者는 覆也니라
조기자   복야   수해자   복야

塵高而銳者는 車來也요 卑而廣者는 徒來也요
진고이예자   거래야   비이광자   도래야

散而條達者는 樵採也요 少而往來者는 營軍也니라
산이조달자   초채야   소이왕래자   영군야

적에게 가까이 다가갔는데도 조용한 것은 그들이 지형의 험준함을 믿고 있기 때문이며, 먼 거리에 있으면서도 싸움을 걸어오는 것은 아군을 끌어내기 위함이며, 적이 평지에 진을 쳤다면 그곳에 이점이 있다는 것이다. 많은 나무들이 움직이는 것은 적이 오고 있다는 것이며, 풀숲에 장애물을 많이 만들어놓은 것은 의심을 불러일으키려는 것이다. 새들이 날아오르는 것은 복병이 있다는 것이며, 짐승들이 놀라 달아나는 것은 기습해 오기 때문이다. 흙먼지가 높고도 날카롭게 일어나는 것은 전차가 진격해 온다는 징후이며, 흙먼지가 낮게 퍼지듯 일어나면 보병이 진격해 온다는 징후이다. 흙먼지가 흩어져서 일어나면 땔감을 채취하는 징후이며, 흙먼지가 적게 왔다 갔다 하는 것은 진영을 구축하고 있다는 것이다.

해설

새들과 초목의 움직임, 먼지가 피어나는 모양 등도 적정을 살피는 자료가 된다. 명장은 이와 같은 치밀한 관찰력으로 불리한 싸움도 승리로 이끄는 것이다.

아군을 속이려는 적의 계략을 파악하라

辭卑而益備者는 進也요 辭强而進驅者는 退也라
사 비 이 익 비 자　　진 야　　사 강 이 진 구 자　　퇴 야

輕車先出하여 居其側者는 陳也라
경 거 선 출　　　거 기 측 자　　진 야

無約而請和者는 謀也요 奔走而陳兵車者는 期也요
무 약 이 청 화 자　　모 야　　분 주 이 진 병 거 자　　기 야

半進半退者는 誘也라
반 진 반 퇴 자　　유 야

사자使者의 말씨가 겸손하면서도 방비를 더함은 진격하려는 것이며,
사자의 말씨가 강경하고 또한 진격 태세를 취함은 실은 철수하려는
것이다. 가벼운 전차가 군대 앞의 측면에 있는 것은 진陣을 펼치려는
것이다. 갑자기 화의를 요청함은 계략이 있는 것이며, 적이 분주하게
움직이며 전차를 배치함은 결전을 시도하려는 것이다. 적이 반쯤 진
격하였다가 반쯤 퇴각함은 아군을 유인하려는 것이다.

해설

여기서는 말과 속셈이 다른 경우가 많다는 점을 지적하고 있다. 전쟁에 있어서는 적
의 눈을 속이는 것도 중요한 전술 중의 하나이다. 이미 갖추어져 있는 상황을 최대한
이용해서 전투 형태를 가장 좋게 배치하여 실제 군사력이 약하다 하더라도 전투 형
태는 아주 강해 보이도록 해야 한다. 그렇게 하는 것으로도 실제 전투에서 우위를 점
할 수 있다. 이것을 반대로 생각해 보면 전쟁에서 상대의 속임수를 간파할 수 있는
능력이 매우 중요하다는 사실을 알 수 있다.

적진의 상황을 읽어라

倚杖而立者는 飢也요 汲而先飮者는 渴也요 見利而不進者는 勞也라
의장이립자　기야　급이선음자　갈야　견리이부진자　노야

鳥集者는 虛也요 夜呼者는 恐也요 軍擾者는 將不重也라
조집자　허야　야호자　공야　군요자　장부중야

旌旗動者는 亂也요 吏怒者는 倦也요
정기동자　난야　이노자　권야

殺馬肉食者는 無糧也요 懸缶不返其舍者는 窮寇也라
살마육식자　무량야　현부불반기사자　궁구야

무기를 지팡이 삼아 짚고 서 있음은 굶주린 것이며, 물을 길어서 서둘러 마시는 것은 목이 말랐기 때문이며, 이익을 보고도 진격하지 않음은 피로한 것이다. 새들이 모여드는 것은 군영이 비었기 때문이며, 밤중에 서로 부르는 것은 겁에 질려 있기 때문이며, 군사들이 소란스러운 것은 장수가 위엄이 없기 때문이다. 깃발이 흔들리는 것은 대오가 혼란한 것이며, 장수들이 함부로 성내는 것은 지쳐 있기 때문이다. 말을 잡아먹는 것은 식량이 없기 때문이며, 걸어놓은 솥을 내버리고 막사로 돌아가지 않음은 궁지에 몰린 것이다.

해설

적이 드러내는 겉모습에는 어쩔 수 없는 진실이 담겨 있게 마련이다. 따라서 지혜로운 장수는 적의 일거수일투족을 세밀히 살펴 그들의 실정을 정확히 파악하는 것이다.

행동에서 드러나는 속내

諄諄翕翕하여 徐與人言者는 失衆也요
순순흡흡   서여인언자   실중야

數賞者는 窘也요 數罰者는 困也라
삭상자   군야   삭벌자   곤야

先暴而後畏其衆者는 不精之至也요 來委謝者는 欲休息也요
선포이후외기중자   부정지지야   내위사자   욕휴식야

兵怒而相迎하여 久而不合하고 又不相去는 必謹察之니라
병노이상영   구이불합   우불상거   필근찰지

장수가 간곡하고도 부드럽게 군사들과 말함은 신망을 잃은 것이다.
자주 상을 내리는 것은 군사 통솔에 궁색해졌기 때문이며, 마구 벌
을 내림은 지휘에 어려움이 많은 것이다. 군사들을 난폭하게 다루다
가 이윽고 그들의 이반을 두려워함은 통솔하는 방법이 졸렬한 것이
다. 사자를 보내어 정중히 사과함은 쉴 틈을 얻으려는 것이다. 적군이
노기를 띠고 아군과 대치하면서도 정작 싸우지도 않고 물러가려고도
하지 않는다면 반드시 이를 잘 살펴야만 한다.

해설

손무는 이 〈행군〉 편에서 적의 동태 33가지 항목을 세밀하고 구체적으로 제시하고
있는데, 적의 외적인 행동을 관찰해 그들의 정황을 살피라는 것이다. 아주 사소한 단
서도 적의 동태를 파악하는 데 유효하다면 적을 일거에 섬멸할 수 있는 중요한 역할
을 하게 될 것이다.

평소 군사들과 올바른 유대를 맺어야 한다

兵은 非益多也요 惟無武進하고 足以併力料敵하여 取人而已니
병　비익다야　유무무진　　족이병력료적　　취인이이

夫惟無慮而易敵者는 必擒於人이니라
부유무려이이적자　　필금어인

卒未親附而罰之면 則不服하고 不服則難用也요
졸미친부이벌지　즉불복　　불복즉난용야

卒已親附而罰不行이면 則不可用也니
졸이친부이벌불행　　즉불가용야

故로 令之以文하고 齊之以武를 是謂必取니라
고　영지이문　　제지이무　시위필취

令素行하여 以敎其民이면 則民服하고
영소행　　이교기민　　즉민복

令不素行하여 以敎其民이면 則民不服하나니
영불소행　　이교기민　　즉민불복

令素行者는 與衆相得也라
영소행자　여중상득야

군사가 많다고 반드시 이로운 것은 아니다. 용맹만을 믿고 함부로 진
격함이 없이, 힘을 합쳐서 적정을 헤아리고 적당한 인재를 쓰기만 하

면 족한 것이다. 무릇 아무런 대책도 없이 적을 가볍게 여기는 장수는 반드시 사로잡히게 된다. 군사들이 믿고 따르기도 전에 벌을 주면 복종하지 않을 것이요, 복종치 않으면 부리기가 어렵다. 또한 군사들이 이미 믿고 따르는데도 벌주지 않으면 부릴 수가 없게 된다. 그러므로 그들을 가르치고 부리는 일에 있어서는 은덕으로써 하고, 질서있게 통솔하는 데는 위엄으로써 한다. 이를 일컬어 반드시 승리하는 군대라고 하는 것이다.

평소에 명령이 잘 시행되도록 군사들을 가르치게 되면 그들은 복종할 것이다. 그러나 평소에 명령이 시행되지 않음을 내버려 두었다면 군사들은 명령에 복종하지 않을 것이다. 평소 명령이 제대로 시행되었다는 것은 윗사람과 아랫사람의 뜻이 서로 화합했기 때문이다.

해설

장수가 군사들을 잘 이끌려면 신뢰를 전제로 한 질서와 상호이해가 기본이 되어야 한다. 이것을 정비하여 실전에 적합하게 하는 것은 무덕武德으로 문과 무, 양쪽을 겸비해야 비로소 백전백승이란 것이 가능하다. 상호이해가 원만하다는 것은 군사들과 일체가 되어 있다는 것이다. 거기에는 조금의 빈틈도 없는 굳은 단합이 있다. 이것이 바로 전쟁의 기본이 되는 것이다.

장수와 군사 사이의 유대가 잘 이루어지려면 평소 충분한 이해와 누구에게나 공평한 군율이 유지되어야 한다. 군대를 움직이는 데에도, 백성을 다스리는 데에도 이것이 기본이다.

제10편

지형 地形

「지형地形」 편에서는 군대가 서로 다른 지형 조건 아래에서 취할 행동원칙을 논하고,
장수에게 지형에 대한 연구와 응용을 중시하도록 강조했다.
앞서 군대의 행군방법을 다룬 「행군行軍」과
아홉 가지 지형에 대해 논하는 다음 편인 「구지九地」와 자매편이라고 할 수 있을 만큼
세부적으로 군사지리에 대해 다루며,
전쟁에서 적을 알고 나를 아는 '지피지기知彼知己'만큼
하늘도 알고 땅도 아는 '지천지지知天知地'의 중요성을 거듭 강조하였다.

地形

지형에 따라 공격을 판단하라

孫子曰 地形에 有通者하고 有挂者하며
손자왈　지형　유통자　　유괘자

有支者하고 有隘者하며 有險者하고 有遠者니라
유지자　　유애자　　유험자　　유원자

我可以往하고 彼可以來를 曰通이니
아가이왕　　피가이래　왈통

通形者는 先居高陽하여 利糧道以戰則利니라
통형자　선거고양　　　이량도이전즉리

可以往이나 難以返을 曰挂니
가이왕　　난이반　왈괘

挂形者는 敵無備면 出而勝之하고
괘형자　적무비　출이승지

敵若有備면 出而不勝이니 難以返不利니라
적약유비　출이불승　　난이반불리

我出而不利하고 彼出而不利를 曰支니
아출이불리　　　피출이불리　왈지

支形者는 敵雖利我나 我無出也니
지형자　적수리아　아무출야

引而去之하여 令敵半出而擊之면 利니라
인 이 거 지　　영 적 반 출 이 격 지　　이

隘形者는 我先居之하고 必盈之以待敵이니
애 형 자　　아 선 거 지　　필 영 지 이 대 적

若敵先居之면 盈而勿從하고 不盈而從之니라
약 적 선 거 지　　영 이 물 종　　불 영 이 종 지

險形者는 我先去之하여 必居高陽而待敵이니
험 형 자　　아 선 거 지　　필 거 고 양 이 대 적

若敵先居之면 引而居之하고 勿從也라
약 적 선 거 지　　인 이 거 지　　물 종 야

遠形者는 勢均難以挑戰이니 戰而不利니라
원 형 자　　세 균 난 이 도 전　　전 이 불 리

凡此六者는 地之道也요 將之至任이니 不可不察也라
범 차 육 자　　지 지 도 야　　장 지 지 임　　불 가 불 찰 야

손자가 말하였다.

지형에는 통형通形, 괘형挂形, 지형支形, 애형隘形, 험형險形, 원형遠形이
있다. 아군과 적군이 모두 쉽사리 나아갈 수 있는 곳을 통형이라고
한다. 여기서는 먼저 높고 햇볕이 잘 드는 데에 진을 치고 군량 보급
로를 확보하면 적과 싸우기에 이롭다.

나아가기는 쉬우나 물러나기가 어려운 곳을 괘형이라고 한다. 이런 곳에서는 적이 수비를 굳히고 있지 않을 때 나아가 싸우면 이길 수 있으나, 이미 수비를 굳히고 있다면 나아가 싸워도 이기기 어렵고 또한 물러서기에도 불리하다.

우리 편이 나아가서 싸워도 불리하고 적이 진격해도 불리한 지세를 지형이라고 한다. 이런 곳에서는 적이 비록 우리에게 이로움을 주는 듯 유인하더라도 공격해서는 안 된다. 군사들을 이끌고 뒤로 물러가는 체하여 적을 나오게 한 다음에 공격하면 이롭다.

애형은 우리가 먼저 그곳을 차지하면 수비에 충실한 채 적을 기다려야 한다. 만일 적이 먼저 그곳을 차지했을 때는 그 수비가 충실하면 싸우지 말고, 수비가 허술하면 따라가서 싸워도 된다.

험형은 우리가 먼저 그곳을 점령하면 반드시 높고 햇볕이 잘 드는 곳에 진을 치고 적의 공격을 기다려야 한다. 만일 적이 먼저 그곳을 점령했으면 군사를 이끌고 철수할 것이며, 쫓아가 싸워서는 안 된다.

원형, 즉 멀리 떨어진 곳에서는 아군과 적군의 병력이 비등하다면 싸움을 걸기가 어렵고, 막상 싸워도 이롭지 못할 것이다.

대체로 이 여섯 가지는 지리의 원칙이다. 이를 교묘하게 운용함이 장수의 중요한 책무이므로 잘 살펴야 하는 것이다.

해설

손무는 이 장에서 여섯 가지 지형에 대해 논하고 있다. 첫째, 통형은 아군과 적군이 다 같이 자유로이 진격할 수 있는 곳이다. 여기서는 먼저 높고 햇볕이 잘 드는 데를 차지하고 병참선을 확보해야만 유리하다. 둘째, 괘형은 경사지로써 아군이 그 위를 점거했다면 적을 치기에는 유리하나 후퇴하기에는 불리한 지형이다. 이런 곳에서는 적의 방어 태세가 허술할 경우에만 공격할 수 있다. 셋째, 지형은 적군과 아군이 모두 진격에 불리한 지형이다. 예컨대 적군과 아군 진지의 중간 지점에 늪이나 하천이 있는 경우이다. 이런 데서는 적의 유도 전술에 말려들지 말고 군대를 이끌고 철수하는 척하며 적을 유인한 후에 공격하는 게 이롭다. 넷째, 애형은 출입구가 좁고 안쪽이 산과 낭떠러지로 둘러싸인 지형이다. 만약 아군이 먼저 이를 점령하면 수비를 강화한 후 적의 공격을 기다려야 한다. 적이 먼저 이를 차지했을 때는 그 수비가 허술해야만 공격할 수 있다. 다섯째, 험형은 매우 험준한 지형으로 지키기에는 유리하나, 공격하기에는 불리한 지형이다. 여기서는 지대가 높고 양지바른 데를 점거한 후 적의 공격을 기다려야 한다. 여섯째, 원형은 아군과 적군이 모두 본국과 거리가 먼 곳에서 싸워야 할 경우이다. 이럴 때는 병참선이 길어져 군수물자의 조달에 어려움이 많게 마련이다. 따라서 이 문제의 해결 여부가 곧 전쟁의 승패를 좌우하게 된다.

故로 兵에 有走者하고 有弛者하며 有陷者하고
고 병 유주자 유이자 유함자

有崩者하며 有亂者하고 有北者니라
유붕자 유란자 유배자

凡此六者는 非天之災요 將之過也라
범차육자 비천지재 장지과야

夫勢均에 以一擊十을 曰走요 卒强吏弱을 曰弛요
부세균 이일격십 왈주 졸강리약 왈이

吏强卒弱을 曰陷이요
이강졸약 왈함

大吏怒而不服하고 遇敵懟而自戰하며 將不知其能을 曰崩이요
대리노이불복 우적대이자전 장부지기능 왈붕

將弱不嚴하고 敎道不明하며 吏卒無常하고 陳兵縱橫을 曰亂이요
장약불엄 교도불명 이졸무상 진병종횡 왈란

將不能料敵하여 以少合衆하고 以弱擊强하며 兵無選鋒을 曰北니라
장불능료적 이소합중 이약격강 병무선봉 왈배

凡此六者는 敗之道也요 將之至任이니 不可不察也라
범차육자 패지도야 장지지임 불가불찰야

그러므로 군대에는 주병走兵, 이병弛兵, 함병陷兵, 붕병崩兵, 난병亂兵, 배병北兵이 있다. 이 여섯 가지는 천지의 재앙이 아니라 장수의 잘못에서 비롯된 것이다.

적군과 아군의 병력이 비슷한데도 1로써 10을 공격하는 것을 주병, 달아나는 군대라고 한다. 군사는 강하고 장수가 약한 것을 이병, 해이한 군대라고 한다. 장수는 강하고 군사가 약한 것을 함병, 결함이 있는 군대라고 한다. 장교들이 성내며 장수에게 복종치 않고 적을 만나면 홧김에 제멋대로 싸우는데 장수가 이런 실정을 알지 못하면 이를 붕병, 무너지는 군대라고 한다. 장수가 나약하여 위엄이 없고 군령이 분명치 못하며, 장교와 군사들이 침착하지 못해 그 진陣이 어지러운 것을 난병, 흩어지는 군대라고 한다. 장수가 적의 실정을 헤아리지 못해 소수의 무리로써 많은 병력과 싸우고 약한 군대로 강한 군대를 공격하며 앞장 설 정예부대가 없는 것을 배병, 패배하는 군대라고 한다. 대체로 이 여섯 가지는 전투에서 패배하는 원인이며, 이는 장수의 지극한 책무이니 잘 살펴야 하는 것이다.

해설

앞의 지형 분석에 이어 여기서는 장수의 허물로 인한 여섯 유형의 패배를 거론하고 있다.

주병은 장수의 무모함으로 인해 비롯되는 것이며, 이병은 햇병아리 장수가 백전노장의 부대원을 이끄는 격이다. 함병은 군사들의 훈련이 덜 되었거나, 오합지졸을 모아 수만 늘려놓은 군대와 비슷하다. 붕병은 명령이 통하지 않는 상태의, 그야말로 무너지기 직전의 군대를 말한다. 난병은 장수가 적장을 정확하게 이해하지 못할 경우 혹은 우유부단해 어느 한쪽으로 확실히 결정짓지 못하거나 복잡한 진법에 익숙하지 못해서 잘못된 명령을 남발했다가 거두어들이는 상황을 의미한다. 배병은 몸을 돌려 뒤로 달아나는 것을 말한다. 패배의 원인은 장수가 적의 상황을 파악하지 못해 결국 적은 병력으로 많은 병력과 대적하고, 약한 병력으로 강한 적을 공격하며, 또 선봉에 설 정예병이 없기 때문이다.

장수는 전술과 더불어 신념이 있어야 한다

夫地形者는 兵之助也니
부지형자   병지조야

料敵制勝하고 計險厄遠近이 上將之道也라
요적제승   계험액원근   상장지도야

知此而用戰者는 必勝하고 不知此而用戰者는 必敗니라
지차이용전자   필승   부지차이용전자   필패

故로 戰道必勝이면 主曰無戰이라도 必戰이 可也요
고   전도필승   주왈무전   필전   가야

戰道不勝이면 主曰必戰이라도 無戰이 可也라
전도불승   주왈필전   무전   가야

故로 進不求名하고 退不避罪하며
고   진불구명   퇴불피죄

惟民을 是保하여 而利合於主가 國之寶也라
유민   시보   이리합어주   국지보야

무릇 지형은 싸움을 돕는 수단이 된다. 적의 실정을 헤아려 승리를 얻기 위해서는 지형의 험하고 막힘과 멀고 가까움을 잘 살펴야 하는데 이는 장수의 도리이다. 이를 알아 싸움에 응용하는 장수는 반드시 이기고, 이를 몰라 싸움에 응용치 못하는 장수는 반드시 패배한다. 그러므로 용병의 원리상 반드시 이길 수 있다면 군주가 싸우지 말라고

해도 싸워야 할 것이며, 용병의 원리상 확실히 이길 수 없다면 군주가 싸우라고 해도 싸우지 말아야 한다. 따라서 나아감에 명예를 추구하지 않고, 물러남에 죄를 피하지 않으며, 다만 백성을 편안하게 보전하여 군주를 이롭게 함이니, 이런 장수가 곧 나라의 보배인 것이다.

해설

지형이란 전투에서 보조적인 것이나 간과할 수 없는 것이다. 상대를 알고, 이길 수 있는 확실한 방법을 세우며, 나아가 지형의 원근이나 그 험난한 것을 고려해야 한다. 이 이치를 충분히 터득하고 싸움에 임하면 반드시 승리할 수 있다.

충분히 검토한 결과 승리를 장담할 수 있을 때에는 군주가 싸우지 말라고 명령을 내려도 거역하고 싸워야 한다. 반대로 승리의 가망이 없다고 판단되면 싸우라는 군주의 명에도 따르지 않아야 하는 것이다. 진퇴에 있어서 명성을 찾지 않고, 처벌을 두려워하지 않으며, 민심을 편안하게 하고, 오직 나라의 이익에 부합하는 결과만을 추구하는 장수는 나라의 보배이다.

중용으로 군사들을 대하라

視卒을 如嬰兒하니 故로 可與之赴深溪요
시 졸   여 영 아   고   가 여 지 부 심 계

視卒을 如愛子하니 故로 可與之俱死니라
시 졸   여 애 자   고   가 여 지 구 사

厚而不能使하고 愛而不能令하며 亂而不能治니라
후 이 불 능 사   애 이 불 능 령   난 이 불 능 치

譬如驕子니 不可用也라
비 여 교 자   불 가 용 야

군사들 보기를 어린아이같이 하라. 그러면 그들과 함께 험하고 깊은 골짜기에도 들어갈 수가 있다. 군사들 보기를 사랑하는 자식같이 하라. 그러면 그들과 더불어 생사를 같이 할 수가 있다.

그러나 군사들을 지나치게 후대하면 부릴 수가 없고, 지나치게 사랑하면 명령을 내릴 수가 없으며 혼란해도 다스리지 못할 것이다. 이는 말하자면 버릇없는 자식처럼 아무 쓸모가 없는 것이다.

해설

손무는 장수가 군사들을 인간적이고 인격적으로 대우하면서 그들과 함께 전쟁할 것을 주문하고 있다. 장수가 인仁으로 대하면 군사들은 의義로 답하기 마련이다. 그러나 지나치게 너그럽게 대하면 군사들은 명령에 따르지 않고 군기도 해이해져 마치 되바라진 자식처럼 변한다는 것이다. 즉 군사들을 훈련하기 위한 전제로 그들을 어떻게 대하느냐가 훈련의 성과를 좌우하게 되는 것이다.

적을 알고 나를 알고 지형을 알아야 한다

知吾卒之可以擊이나 而不知敵之不可擊이면 勝之半也요
지 오 졸 지 가 이 격　　　이 부 지 적 지 불 가 격　　　승 지 반 야

知敵之可擊이나 而不知吾卒之不可以擊이면 勝之半也요
지 적 지 가 격　　　이 부 지 오 졸 지 불 가 이 격　　　승 지 반 야

知敵之可擊하고 知吾卒之可以擊이나
지 적 지 가 격　　　지 오 졸 지 가 이 격

而不知地形之不可以戰이면 勝之半也라
이 부 지 지 형 지 불 가 이 전　　　승 지 반 야

우리 군사가 공격할 능력이 있다는 것만을 알고 적에게 이를 막아낼 능력이 있음을 알지 못한다면 이길 확률은 절반이다. 적에게 공격할 만한 약점이 있음을 알아도 우리 군사가 이를 공격할 능력이 없음을 알지 못한다면 이길 확률은 절반이다. 적에게 공격할 만한 약점이 있음을 알고 우리 군사가 이를 공격할 능력이 있음을 알아도 지형이 불리하다는 것을 알지 못한다면 이길 확률은 절반이다.

해설

장수된 이는 싸움에 앞서 아군의 실력과 적의 실정을 제대로 파악해야만 한다. 이런 바탕으로 아군에게 불리한 지형을 멀리하고, 유리한 곳에서 싸운다면 승리할 수 있다. 지형이 전투에 불리한지의 여부를 헤아리지 못하는 장수는 군사들을 사지로 이끌 뿐이다.

故로 知兵者는 動而不迷하고 擧而不窮이니
고　지병자　동이불미　　거이불궁

故로 曰 知彼知己면 勝乃不殆하고
고　왈 지피지기　승내불태

知天知地면 勝乃可全이라 하도다
지천지지　승내가전

그러므로 용병을 아는 이는 움직임에 주저함이 없고 군사를 일으켜도 궁지에 몰리지 않을 것이다. 따라서 적을 알고 아군을 알면 승리는 위태롭지 않고, 천시天時를 알고 지리地利를 알면 승리는 언제나 온전할 것이다.

해설

마지막의 '지피지기知彼知己, 지천지지知天知地'는 손무가 말하는 병법론의 핵심이다. 여기서 말하는 '지知'란 지형에만 국한되는 것이 아니라 해당 전쟁의 지형과 상황, 주변 제후국의 정황과 적장의 심리까지 모두 포괄하는 것으로, 전장을 둘러싼 모든 상황을 알아야 함을 가리키는 말이다.

제11편

구지九地

「구지九地」편에서는 공격 작전의 변화에 따라 전쟁터를 아홉 종류로 분류하고,
그 지역의 특성과 그에 따른 적절한 작전 변화의 원칙을 논하고 있다.
더불어 적의 약점을 이끌어내고, 주도권을 쟁취하며,
빈틈을 찌르고 빠르게 출격할 것을 거듭 강조하였다.

九地

전쟁터에 따라 다른 전술을 구사하라

孫子曰 用兵之法에 有散地하고 有輕地하며
손자왈 용병지법   유산지   유경지

有爭地하고 有交地하며 有衢地하고 有重地하며
유쟁지   유교지   유구지   유중지

有圮地하고 有圍地하며 有死地니라
유비지   유위지   유사지

諸侯自戰其地者는 爲散地요 入人之地不深者는 爲輕地요
제후자전기지자   위산지   입인지지불심자   위경지

我得則利하고 彼得亦利者는 爲爭地니라
아득즉리   피득역리자   위쟁지

我可以往하고 彼可以來者는 爲交地요
아가이왕   피가이래자   위교지

諸侯之地로 三屬하여 先至而得天下之衆者는 爲衢地요
제후지지   삼촉   선지이득천하지중자   위구지

入人之地深하여 背城邑多者는 爲重地요
입인지지심   배성읍다자   위중지

行山林險阻沮澤하여 凡難行之道者는 爲圮地요
행산림험조저택   범난행지도자   위비지

所由入者隘하고 所從歸者迂하여 彼寡可以擊吾之衆者를 爲圍地요
소유입자애　　소종귀자우　　피과가이격오지중자　위위지

疾戰則存하고 不疾戰則亡者를 爲死地니라
질전즉존　　부질전즉망자　위사지

是故로 散地則無戰하고 輕地則無止하며 爭地則無攻하고
시고　산지즉무전　　경지즉무지　　쟁지즉무공

交地則無絶하며 衢地則合交하고 重地則掠하며
교지즉무절　　구지즉합교　　중지즉략

圮地則行하고 圍地則謀하며 死地則戰이니라
비지즉행　　위지즉모　　사지즉전

손자가 말하였다.

지형에 따라 용병하는 방법에는 산지散地, 경지輕地, 쟁지爭地, 교지交地, 구지衢地, 중지重地, 비지圮地, 위지圍地, 사지死也가 있다.

제후가 자신의 영토 안에서 싸우는 것을 산지라 한다. 적의 땅에 침입했어도 깊이 들어가지 않으면 이를 경지라 한다. 아군이 차지해도 유리하고 적군이 차지해도 유리한 곳을 쟁지라 한다. 아군이 갈 수도 있고 적군이 올 수도 있는 데를 교지라 한다. 접전이 이루어지는 곳이 제3국과 국경을 맞대고 있어 먼저 도착하는 쪽이 제3국의 지원을 받을 수 있는 곳을 구지라 한다. 적의 영토에 깊숙이 쳐들어가 많은 성과 고을을 등지는 곳을 중지라 한다. 산림, 험준한 땅, 늪지대 등이

있어 행군하기 어려운 곳을 비지라 한다. 들어가는 길이 좁아서 돌아올 때에는 우회해야 하며, 적이 적은 수로도 우리의 많은 병력을 칠 수 있는 곳을 위지라 한다. 죽기를 각오하고 싸우면 살아남지만 그러지 않으면 섬멸당하는 곳을 사지라 한다. 따라서 산지에서는 싸우지 말고, 경지에서는 주둔하지 말며, 쟁지에서는 공격하지 말아야 한다. 교지에서는 부대 간의 연락이 끊겨서는 안 되며, 구지에서는 제3국과의 외교를 돈독히 하고, 중지에서는 물자를 현지 조달해야 한다. 비지에서는 빨리 통과하고, 위지에서는 계략으로 벗어나며, 사지에서는 오직 목숨을 걸고 싸워야 한다.

해설

지형은 전투의 보조 수단이다. 손무는 그것을 아홉 가지로 구분하여 적절한 작전을 구사할 것을 시사하고 있다. 군사들은 싸움터의 지형적 조건에 따라 미묘한 심리적 변화를 보이게 된다. 예컨대 산지나 경지에서는 가족이나 고국에 대한 생각으로 제대로 싸우지 못하는 경우가 있다. 그러나 사지에 놓이게 되면 죽을힘을 다해 싸우기도 하는 것이다. 그러므로 장수된 이는 지형과 군사들의 심리적 움직임의 상관관계를 잘 살펴 전투력 발휘에 차질이 없도록 해야 할 것이다.

유리하면 움직이고 불리하면 멈춰 기다리라

所謂古之善用兵者는 能使敵人으로 前後不相及하며
소 위 고 지 선 용 병 자   능 사 적 인   전 후 불 상 급

衆寡不相恃하고 貴賤不相救하며
중 과 불 상 시   귀 천 불 상 구

上下不相收하고 卒離而不集하며 兵合而不齊니
상 하 불 상 수   졸 리 이 부 집   병 합 이 부 제

合於利而動하고 不合於利而止니라
합 어 리 이 동   불 합 어 리 이 지

이른바 옛날부터 전술에 뛰어난 이는 적군의 전후방이 서로 연락이 닿지 못하게 하고, 대부대와 소부대가 서로 협력하지 못하게 하며, 상급 부대와 하급 부대가 서로 지원하지 못하게 하고, 장수와 군사가 서로 돕지 못하게 하며, 군사들을 흩어지게 하여 모이지 못하게 했으며, 집합해도 질서정연하지 못하게 했다. 그리고 아군의 조건이 유리하면 움직이고, 불리하면 움직이지 않았던 것이다.

해설

이 문장은 일종의 분열 공작을 말한다. 그 핵심은 적은 분산시키고 아군은 집중 공격하여 각개격파하는 데에 있다. 그리고 적의 선두 부대와 후속 부대의 연결을 끊고, 적의 주력 부대와 지원 부대의 연계를 가로막으며, 적의 군사들 사이에 불신과 의심을 조성하여 뿔뿔이 흩어지게 만들고, 장수와 전투 군사 사이의 거리를 떼어 연락을 못하게 만들며, 병력을 분산시키고, 집결되었다 하더라도 전투력이 집중되지 못하게 만드는 것이다.

또 전쟁 시기의 유리함과 불리함에 대한 식별이 날카로워 유리하다고 판단되면 지체 없이 움직이고, 불리하다고 판단되면 자중하여 꼼짝도 하지 않는 태세를 잘 분간하여 명령을 내렸던 것이다.

신속하게 허를 찌르라

敢問하되 敵衆整而將來면 待之若何오
감 문　　적 중 정 이 장 래　　대 지 약 하

曰 先奪其所愛하면 則聽矣니라
왈　선 탈 기 소 애　　　즉 청 의

兵之情은 主速이니 乘人之不及하고 由不虞之道하여 攻其所不戒也라
병 지 정　　주 속　　　승 인 지 불 급　　　유 불 우 지 도　　　공 기 소 불 계 야

감히 묻건대 "적군이 정비된 대군으로 장차 공격해 온다면 어떻게 대
처할 것인가?" 대답하기를 "그들이 중시하는 적의 요충지를 먼저 빼
앗아 기선을 제압하면 그 뜻대로 될 것이다."
예컨대 용병은 신속함을 우선으로 해야 한다. 적이 대비하지 못한 빈
틈을 타서 미처 예상하지 못한 방법으로 적이 경계하지 못한 곳을 공
격하는 것이다.

해설

적의 정예부대가 공격을 시작했을 때는 전략적 요충지라든지 군수물품이나 식량 창
고, 탄약고, 보급로 등 적군이 가장 주도적으로 지키려고 하는 곳을 공격해 탈취하는
것이다. 이는 전략적인 가치라기보다도 정신적인 충격을 주어서 상대를 심리적으로
동요시키는 것이 목적이다. 적군에게 일단 동요가 생기면 아군의 작전이 파고들 여
지가 생긴다. 그곳을 파고들어감으로써 상대편의 정연함에 혼란을 줄 수가 있다.

궁지에 몰리면 죽기를 각오하고 싸운다

凡爲客之道는 深入則專이니 主人不克하고
범위객지도　심입즉전　　주인불극

掠於饒野면 三軍足食이요 謹養而勿勞며 併氣積力이니라
약어요야　삼군족식　근양이물로　병기적력

運兵計謀면 爲不可測이요
운병계모　위불가측

投之無所往이면 死且不北니 死焉不得士人盡力이리요
투지무소왕　사차불배　사언부득사인진력

兵士는 甚陷則不懼하고 無所往則固하며
군사　심함즉불구　무소왕즉고

深入則拘하고 不得已則鬪니라
심입즉구　부득이즉투

是故로 其兵이 不修而戒하고 不求而得하며
시고　기병　불수이계　불구이득

不約而親하고 不令而信이니 禁祥去疑면 至死無所之니라
불약이친　불령이신　금상거의　지사무소지

吾士無餘財는 非惡貨也요 無餘命은 非惡壽也라
오사무여재　비오화야　무여명　비오수야

令發之日에 土卒坐者는 涕霑襟하고 偃臥者는 涕交頤이나
영발지일　사졸좌자　체점금　　언와자　체교이

投之無所往者는 諸劌之勇也니라
투지무소왕자　제귀지용야

무릇 적의 영토에 들어가서 싸우게 될 경우에는 깊이 쳐들어가면 아
군이 싸움에 전념하게 되어 그 나라의 군대는 이겨내지 못한다. 풍요
한 들판을 약탈하여 삼군의 식량이 넉넉해지면 삼가 군대를 보양하
고 피로하지 않도록 하며, 사기를 떨치게 하고 그 힘을 축적한다.

군사를 움직이고 계략을 쓰는 데 있어서는 적들이 헤아리지 못하게
하고, 군대를 벗어날 수 없는 데로 몰아넣으면 싸우다 죽는 한이 있
어도 달아나지 않는다. 목숨이 위태롭게 되면 어찌 군사들이 힘을 다
하지 않겠는가? 군사들은 위험한 지경에 빠지게 되면 오히려 두려워
하지 않고, 달아날 데가 없으면 서로 굳게 단결하며, 적지에 깊이 들
어가면 결집되어 부득이 싸울 수밖에 없는 것이다.

그러므로 그 군사들은 훈련을 하지 않아도 자신이 알아서 경계하고,
요구하지 않아도 분투할 것이며, 권하지 않아도 서로 친밀해지고, 명
령을 내리지 않아도 규율을 지킨다. 길흉에 대한 예언을 금하고 의심
과 두려움을 없애면 죽는 한이 있어도 싸움터를 떠나지 않을 것이다.
우리 군사들이 여분의 재물이 없음은 재물을 싫어해서가 아니며, 삶
에 집착하지 않음은 오래 살기 싫어서가 아니다. 출전 명령이 내리는
날에는 앉아 있는 군사는 눈물이 옷깃을 적시고, 누워 있는 군사는

눈물이 턱 밑으로 흐르게 된다. 그러나 군사들은 더 이상 갈 데가 없는 전쟁터에 던져지면, 저 옛날 용맹스러운 전제專諸나 조귀曹歲처럼 결사적으로 싸우게 되는 것이다.

해설

전제는 춘추시대 말엽 오나라 당읍 출신의 협객이다. 기원전 515년, 의형제를 맺은 오자서의 사주를 받고 당시 오나라왕 요僚를 죽이기로 결심하였다. 그리하여 연회석에 생선 요리를 바치면서 생선 뱃속에 감추었던 단검을 꺼내 요를 찔러 죽이고 현장에서 호위병들에게 죽임을 당하였다. 이후 오자서는 공자公子 광光을 추대하였는데, 이 사람이 바로 합려이며, 오나라왕 합려는 손무를 등용하여 오나라를 마침내 강대국으로 일으켜 세웠다.

조귀는 춘추시대 노나라의 용사로서, 기원전 684년 장작長勺 전투에서 제나라를 쳐부수고 승리를 거둔 인물이다. 뒤에 노나라 장공莊公이 제나라 환공桓公에게 3전 3패를 당한 뒤 강제로 문양 땅을 빼앗기자, 두 군주가 협정을 맺는 자리에 뛰어들어 칼로 환공을 위협하고 빼앗긴 영토를 반환하도록 맹세시켰다는 일화가 있다. 전제나 조귀는 모두 벗어날 길이 없는 전쟁터에 던져지거나, 반드시 죽을 줄 아는 적진에서 적장의 목에 칼을 들이대고 용맹하게 싸운 인물의 예로 꼽힌다.

군사들을 달아날 수 없는 장소에 몰아넣고 결사적으로 싸우게 하여 승리한 예로는 한신의 정형구井陘口 전투를 들 수 있다.

당시 조나라 임금과 성안군 진여陳餘는 한나라 군사를 막기 위해 정형구에 20만 대군으로 진을 쳤다. 작전회의에서 광무군 이좌거李左車가 이렇게 말했다.

"한나라 장수 한신은 장이와 함께 조나라를 정복하려고 합니다. 한신은 위나라 임금을 사로잡고 알여를 피바다로 만든 여세를 몰아 쳐들어오는지라 그 예봉을 꺾기가 힘듭니다. 제가 듣기로는 천리 먼 곳에서 군량을 실어 보내게 되면 운반이 어려워 군사들이 굶주리게 되고, 풀을 베어 밥을 짓게 되면 배불리 먹을 수 없다고 했습니다. 원래 정형으로 통하는 길은 좁아 수레 두 대가 나란히 지나갈 수 없는 실정입니다. 그러니 물자 수송에 어려움이 따를 수밖에 없습니다. 저에게 3만 명의 군사를 주

시면 샛길로 나아가 적의 물자 보급을 차단시키겠습니다. 그동안 장군께서는 도랑을 깊이 파고 벽을 높여 지키기만 하고 싸우지는 마십시오. 이렇게 하면 적군은 나아가 싸울 수도 없고 뒤로 물러갈 수도 없는 처지가 됩니다. 제가 그들의 뒤를 차단하고, 약탈을 허용하지 않으면 열흘이 못 되어 한신과 장이의 목을 벨 수 있습니다."

성안군은 본시 고지식한 선비였다. 계략을 싫어했던 그는 이렇게 말했다.

"지금 한신의 군대는 수만 명이라고 일컬어지고 있지만 사실은 수천 명에 지나지 않소. 더구나 그들은 먼 곳에서 방금 쳐들어 왔으므로 지쳐 있을 게 틀림없소. 이런 적을 정면으로 맞아 싸우지 않는다면 큰 적을 만나게 되었을 때 어찌 당해 낼 수 있겠소."

성안군 진여는 광무군 이좌거의 계략을 쓰지 않았다. 첩자가 이 사실을 보고하자 한신은 회심의 미소를 지으며 군사들을 이끌고 정형구에서 30리쯤 떨어진 곳에 진을 쳤다. 그날 밤 한신은 전군에 출동 명령을 내리며 기병 2천 명에게는 붉은 기를 주어 산 속에 숨어 있도록 하고 이렇게 명했다.

"조나라 군사들은 아군이 패하여 달아나면 반드시 진지를 비운 채 추격해 올 것이다. 너희들은 그때 조나라의 텅 빈 진지로 들어가 그들의 깃발을 뽑아내고 우리 깃발을 세우도록 하라."

그리고 나서 한신은 1만 명을 먼저 떠나게 하여 강을 등진 채 진을 치도록 하였다.

동틀 무렵 한신의 본대는 깃발을 세우고 북을 치면서 정형구를 나섰다. 조나라 군대가 나와서 이들과 치열한 접전을 벌였다. 한신과 장이는 거짓으로 패한 체하며 깃발을 버리고 강가의 진지로 달아났다. 조나라 군사들은 진지를 비운 채 한나라 군대를 뒤쫓아왔다.

강기슭에 이른 한나라 군대는 앞서 배수진을 친 아군과 합세하여 조나라 군대에 반격을 가했다. 한편 한신이 숨겨둔 2천 명의 기습부대는 조나라 군대의 텅 빈 진지로 들어가 한나라 깃발을 꽂았다. 조나라 군사들은 목숨을 내놓고 싸우는 한나라 군사들을 이겨내지 못한 채 진지로 돌아가려고 했다. 그러나 그곳에는 한나라의 깃발이 펄럭이고 있었다. 이에 그들은 한나라 군대가 조나라 장수들을 모조리 생포한 것으로 알고 앞을 다투어 달아났다. 이리하여 한나라 군사들은 조나라 군사들을 양쪽에서 쳐서 크게 무찔렀다.

이 싸움에서 조나라 임금은 포로가 되고 성안군 진여는 저수 부근에서 죽음을 당한다. 한신은 사로잡힌 광무군 이좌거를 극진히 대접하며 스승으로 모셨다. 승리를 축하하는 자리에서 장수들이 한신에게 물었다.

"장군께서는 병법과는 달리 강물을 등지고 진을 치게 하여 승리하셨습니다. 저희들은 이를 이해할 수가 없습니다."

한신이 대답하였다.

"병법에 죽을 곳에 몰아넣은 후에야 살게 된다고 했다. 군사들은 위태로운 장소에 놓아두어야 스스로 살기 위해 악착스레 싸우게 된다. 그들을 살 수 있는 곳으로 투입하면 모두 달아나게 될 것이다."

한신은 군사들이 죽기를 각오하고 싸울 수 있는 상황으로 몰아넣고 승리를 이끈 것이다.

위태로운 순간에는 한 몸처럼 협력하게 된다

故로 善用兵者는 誓如率然하니라
고   선용병자   비여솔연

率然者는 常山之蛇也니
솔연자   상산지사야

擊其首則尾至하고 擊其尾則首至하며 擊其中則首尾俱至니라
격기수즉미지   격기미즉수지   격기중즉수미구지

敢問하되 兵을 可使如率然乎아
감문   병   가사여솔연호

曰 可니라
왈 가

夫吳人與越人은 相惡也나
부오인여월인   상오야

當其同舟而濟에 遇風이면 其相救也는 如左右手하니라
당기동주이제   우풍   기상구야   여좌우수

그러므로 용병에 뛰어난 이는 비유컨대 솔연率然과 같다. 솔연은 상산常山의 뱀으로 그 머리를 치면 꼬리가 달려들고, 그 꼬리를 치면 머리가 달려들며, 그 허리를 치면 머리와 꼬리가 한꺼번에 달려드는 것이다.

감히 묻기를 군사들을 솔연처럼 부릴 수가 있는가? 할 수 있다. 오나

라 사람과 월나라 사람은 본시 서로 미워하는 사이이다. 그러나 그들이 함께 배를 타고 강을 건너다가 폭풍우를 만나면 서로 돕기를 한 몸에 붙은 좌우의 손처럼 할 것이다.

해설

오나라 사람과 월나라 사람들은 대를 이어가며 싸워 서로 적개심이 강하였다. 그러나 이들도 만약 한 배를 타고 가다가 풍랑을 만나게 되면 서로 도울 게 틀림이 없다. 적지에 투입된 군대도 위급한 처지에 놓이게 되면 단결하여 목숨을 걸고 싸우는 것이다. 이런 군대는 기대 이상의 전투력을 발휘할 수도 있다. 장수된 이는 이와 같은 인간의 심리를 용병에 활용할 줄 알아야 한다.

아무리 많은 군사도 하나처럼 부려야 한다

是故로 方馬埋輪이 未足恃也요 齊勇若一이 政之道也요
시 고　　방마매륜　　미족시야　　제용약일　　정지도야

剛柔皆得이 地之理也니라
강유개득　　지지리야

故로 善用兵者는 携手若使一人이 不得已也니라
고　　선용병자　　휴수약사일인　　부득이야

따라서 말을 나란히 매어 놓거나 수레의 바퀴를 묻어 놓아도 믿을 게 못 된다. 모든 군사들을 하나같이 용감하게 만드는 것은 통솔하는 방법에 달렸다. 또한 강한 자와 약한 자를 한결같이 부릴 수 있음은 지형의 이치를 활용하기 때문이다. 그러므로 용병에 능한 이가 한 사람의 손을 이끌듯이 군대를 움직임은 그렇게 할 수밖에 없도록 지휘하기 때문이다.

해설

일치협력 태세라는 것은 군마를 일렬로 세워서 고삐를 서로 묶어놓는다거나 병거兵車의 바퀴를 땅에 파묻어서 멋대로 움직이지 못하게 하는 것처럼 강압적인 형태만을 놓고 안심할 수 있는 성격의 것이 아니다. 용감한 사람은 앞으로 나아가고 약한 사람은 꽁무니를 빼는 비단결을 없애고, 전체를 한 몸같이 만드는 것은 오로지 군정의 힘이다.

아군이 하나되어 응집하는 것은 적을 흩어지게 하며 승리하기 위한 전제가 된다. 이런 심리적인 문제를 고려하는 장수만이 전쟁을 승리로 이끌 수 있다.

군사들이 장수의 계획을 알지 못하게 하라

將軍之事는 靜以幽하고 正以治니
장군지사   정이유   정이치

能愚士卒之耳目하여 使之無知하여
능우사졸지이목   사지무지

易其事하고 革其謀하되 使人無識하며
역기사   혁기모   사인무식

易其居하고 迂其途하되 使人不得慮니라
역기거   우기도   사인부득려

帥與之期에 如登高而去其梯하고
수여지기   여등고이거기제

帥與之深入諸侯之地면 而發其機하나니
수여지심입제후지지   이발기기

焚舟破釜하고 若驅群羊하여 驅而往하고 驅而來하되 莫知所之니라
분주파부   약구군양   구이왕   구이래   막지소지

聚三軍之衆하여 投之於險이 此謂將軍之事也니
취삼군지중   투지어험   차위장군지사야

九地之變과 屈伸之利와 人情之理를 不可不察也라
구지지변   굴신지리   인정지리   불가불찰야

장수는 군대를 통솔하면서 침착하고 조용하며, 엄정하고 조리가 있어야 한다. 군사들의 눈과 귀를 어리석게 만들어 그들로 하여금 작전 의도를 파악하지 못하게 하고, 아군의 작전 계획이나 변경을 군사들이 알아채지 못하게 해야 한다. 주둔지를 옮기거나 행군로를 돌아갈 때에도 군사들이 이를 알게 해서는 안 된다.

장수가 군사들과 함께 결전을 벌이고자 한다면 마치 높은 곳에 올려놓고 사다리를 치워버리는 것처럼 해야 하며, 적지에 깊숙이 들어가면 군사들을 마치 활을 떠난 화살처럼 오로지 전진만 하도록 해야 한다. 배를 불사르고 솥단지를 깨뜨려 필사의 결의를 보이며, 양떼를 몰듯 군사들을 휘몰아 전진하기도 하고, 후퇴하기도 하면서 군사들이 뒤따르기만 할 뿐 어디로 가는지 방향을 알지 못하게 해야 한다. 삼군을 절체절명의 궁지에 몰아넣고, 그들로 하여금 결사적으로 싸우게 만드는 것이 바로 장수의 임무이다.

아홉 가지 지형의 변화에 따른 전진과 후퇴의 판단, 그리고 군사들의 정서와 심리를 세심히 파악해야 한다.

해설

아무리 완벽한 계획의 작전이라 하더라도 사전에 누설된다면 그르칠 수밖에 없다. 따라서 장수된 이는 작전의 보안, 유지에 남다른 수완을 지녀야 한다. 또한 군사들을 도주할 수 없는 곳으로 몰아넣은 후 결사적으로 싸우도록 유도하며, 신속하고 과감한 용병술로 적군을 제압해야 하는 것이다. 또한 장수는 늘 지형에 대한 정확한 지식과, 진격과 후퇴에 따르는 이익과 손실, 그리고 인간 심리에 대해 예리한 통찰력을 지녀야 할 것이다.

전쟁터에 따라 전쟁에 임하는 마음이 달라진다

凡爲客之道는 深則專하고 淺則散이니
범 위 객 지 도   심 즉 전   천 즉 산

去國越境而師者는 絶地也요 四達者는 衢地也요
거 국 월 경 이 사 자   절 지 야   사 달 자   구 지 야

入深者는 重地也요 入淺者는 輕地也요
입 심 자   중 지 야   입 천 자   경 지 야

背固前隘者는 圍地也요 無所往者는 死地也니라
배 고 전 애 자   위 지 야   무 소 왕 자   사 지 야

是故로 散地에는 吾將一其志하고 輕地에는 吾將使之屬하며
시 고   산 지   오 장 일 기 지   경 지   오 장 사 지 촉

爭地에는 吾將趨其後하고 交地에는 吾將謹其守하며
쟁 지   오 장 추 기 후   교 지   오 장 근 기 수

衢地에는 吾將固其結하고 重地에는 吾將繼其食하며
구 지   오 장 고 기 결   중 지   오 장 계 기 식

圮地에는 吾將進其塗하고 圍地에는 吾將塞其闕하며
비 지   오 장 진 기 도   위 지   오 장 색 기 궐

死地에는 吾將示之以不活하나니
사 지   오 장 시 지 이 불 활

故로 兵之情은 圍則禦하고 不得己則鬪하며 過則從이니라
고　　병지정　　위즉어　　　부득이즉투　　　과즉종

무릇 남의 나라에 침입할 경우, 깊숙이 들어가면 군사들이 단결하고,
국경 가까이로만 조금 들어가면 그들의 마음은 분산되어 흐트러진
다. 자기 나라를 떠나 국경을 넘어서 군대를 움직이는 것은 '절지絶
地'에 놓이는 것을 뜻함이요, 사방으로 통하는 곳은 '구지衢地'가 된다.
적지로 깊이 들어가면 '중지重地'요, 얕게 들어가면 '경지輕地'가 된다.
등 뒤로는 험준한 산악으로 막혀 있고, 앞으로는 좁은 길이 놓여 있
으면 '위지圍地'요, 도망할 길이 없으면 '사지死地'가 된다.

따라서 '산지散地'에서는 군사들의 의지가 하나로 뭉치도록 하고, '경
지'에서는 아군끼리 연락을 긴밀히 하여야 한다. '쟁지爭地'에서는 적
의 배후로 달려가 공격하고, '교지交地'에서는 수비에 허점이 없도록
한다. '구지'에서는 제3국과의 유대를 단단히 다져야 하고, '중지'에
서는 군량 보급이 이어지도록 한다. '비지圯地'에서는 행군을 재촉하
며, '위지'에서는 도주할 틈을 막아야 한다. 또한 '사지'에서는 군사
들에게 살 수 없음을 보이고 결사적으로 싸우게 해야 한다. 군사들의
심리는 포위를 당하면 방어에 전력을 다하게 되고, 상황이 절박해지
면 목숨을 걸고 싸우며, 위기에 몰리게 되면 명령을 따르는 것이다.

해설

'산지'는 자국에서 싸우는 것이므로 불안을 해소하고 군사들의 마음을 하나로 단결
시키는 데 주력해야 한다. 오랫동안 전쟁을 하게 되면 군사들은 집과 고향 생각으로

마음이 흩어지기 때문이다. '경지'에서는 적국 깊숙이 들어가지 않은 곳이라 가능한 주둔하지 말고 신속히 이동해야 하는데, 이는 군사들이 전쟁을 두려워할 가능성과 사기가 떨어질 우려가 있기 때문이다. '쟁지'는 전쟁에서 반드시 차지해야 하는 곳으로 적의 뒤쪽으로 돌아가 후방을 공격하거나 교란시키는 것이 중요하다. '교지'에서는 수비를 견고히 하는 것이 중요하다. '구지'는 중심 지역으로, 사절단을 보내 이웃 나라와의 외교력에 힘을 쏟아야 한다. '중지'에서는 식량 등 군수물자를 확보하는 것이 중요하고, '비지'에서는 신속히 이동해 벗어나야 한다. 그리고 '위지'에서는 퇴로가 없다는 생각으로 죽음을 각오하고 싸워야 한다. 손무가 가장 중시한 '사지'에서는 적을 전멸시키지 않으면 모두 죽는다는 상황을 인식시켜 필사적으로 싸움에 임하게 해야 한다. 군사가 죽기를 각오하고 싸운다면 승리할 수 있기 때문이다. 이상은 기본적으로 군사들의 심리를 활용한 용병술이다.

패왕의 군대가 되는 법

是故로 不知諸侯之謀者는 不能預交하고
시 고 부 지 제 후 지 모 자   불 능 예 교

不知山林險阻沮澤之形者는 不能行軍하며
부 지 산 림 험 조 저 택 지 형 자   불 능 행 군

不用鄕導者는 不能得地利니라
불 용 향 도 자   불 능 득 지 리

四五者에 不知一이면 非霸王之兵也니
사 오 자   부 지 일   비 패 왕 지 병 야

夫霸王之兵은 伐大國하면 則其衆不得聚하고
부 패 왕 지 병   벌 대 국   즉 기 중 부 득 취

威加於敵하면 則其交不得合하나니라
위 가 어 적   즉 기 교 부 득 합

是故로 不爭天下之交하고 不養天下之權하며
시 고 부 쟁 천 하 지 교   불 양 천 하 지 권

信己之私하여 威加於敵이니
신 기 지 사   위 가 어 적

故로 其城을 可拔하고 其國을 可墮니라
고 기 성 가 발   기 국 가 타

따라서 제후들의 계책을 알지 못하는 자는 미리 외교를 펼칠 수 없으며, 산림, 험준한 지역, 늪지대 등과 같은 지형을 알지 못하면 행군할 수 없고, 지형을 잘 아는 그 지역의 길라잡이를 활용하지 않으면 지형의 이로움을 얻을 수가 없다. 이 아홉 가지 중 어느 곳 하나라도 알지 못하면 패왕의 군대가 될 수 없다. 무릇 패왕의 군대가 강대국을 정벌하면 그 적국은 아무리 강대하다 할지라도 병력을 미처 동원하지 못하고, 위엄으로 적국이 다른 나라와 동맹을 맺지 못하게 만든다. 이 때문에 천하 제후들과의 외교를 다투지 않고, 천하의 권력을 장악하려고 하지 않으며, 자신만의 소신을 펼쳐 적에게 위세를 가하면 그 성을 함락시킬 수도 있고, 그 나라를 무너뜨릴 수도 있다.

해설

군대를 동원할 때 전장의 상황을 파악하는 것이 얼마나 중요한지를 설명하고 있다. 전략 전술을 펼칠 때 가장 중요한 것이 지형에 대한 숙지이다. 그러기 위해서는 해당 지역을 잘 알고 있는 길라잡이를 이용해 모든 상황을 파악하는 것이 승리할 수 있는 필요조건인 셈이다.

거시적으로 본다면 제후국의 전략과 그 형세 및 외교 상황 등을 알아야 하고, 특히 지형에 대한 파악 및 세부적인 작전 계획 등이 모두 '패왕지병霸王之兵'이 되기 위한 필수불가결한 요소임을 이야기하고 있다. '패왕지병'이란 패자와 왕자의 군대를 의미하는 것으로 '패자霸者'는 무력으로 천하 백성을 다스리는 군주이고, '왕자王者'는 덕으로 천하 백성을 복종하게 만드는 군주를 의미한다.

물러날 곳이 없을 때 죽음을 무릅쓰고 싸운다

施無法之賞하고 懸無政之令이면 犯三軍之衆을 若使一人이요
시 무 법 지 상   현 무 정 지 령   범 삼 군 지 중   약 사 일 인

犯之以事하고 勿告以言하며 犯之以利하고 勿告以害라
범 지 이 사   물 고 이 언   범 지 이 리   물 고 이 해

投之亡地然後에 存하고 陷之死地然後에 生이니
투 지 망 지 연 후   존   함 지 사 지 연 후   생

夫衆陷於害然後에 能爲勝敗니라
부 중 함 어 해 연 후   능 위 승 패

故로 爲兵之事는 在於順詳敵之意하니
고   위 병 지 사   재 어 순 상 적 지 의

幷敵一向하여 千里殺將이 此謂巧能成事者也니라
병 적 일 향   천 리 살 장   차 위 교 능 성 사 자 야

장수가 관례를 깨뜨리는 포상을 하기도 하고, 군정에도 없는 명령을
내리면 전군을 마치 한 사람 다루듯 할 수 있다. 그들을 통제함에 있
어 일로써 하고 말로써 전해주지 않으며, 유리한 점을 들어 격려하되,
닥칠 위험이나 불리한 점을 미리 알려서는 안 된다. 군대란 멸망할
땅에 집어넣은 후에 생존하게 되고, 죽을 땅에 빠지게 한 이후에 살
아나게 된다. 무릇 군대는 위험에 빠진 연후에 능히 승패를 결정지을
수 있다. 용병술의 미묘함은 먼저 적의 뜻대로 움직이는 듯이 보이며

적을 기만한 다음, 아군의 힘을 한곳에 집중시켜 적의 빈틈을 집중 공격하는 데 있다. 이렇게 하면 천 리 밖에 있는 적장을 사로잡거나 죽일 수 있으니 그야말로 '교묘한 능력으로 큰일을 이룩하였다'고 말할 수 있는 것이다.

해설

전쟁터에서는 정세에 따라 그때그때 적당한 상을 주거나, 평시 같으면 위법인 것도 눈감아 주는 등 군사들의 사기를 위해 유동적으로 법을 이끌어야 한다. 이렇게 해야 많은 군대를 자기 수족같이 자유롭게 움직일 수 있다. 또한 전쟁터에서는 설명도 변명도 교훈도 필요 없이 오직 행위로써 전달하며, 아군들의 귀에는 전투의 유리한 면만 들리게 해야 한다. 또한 군사들은 사면초가의 상태에 빠져, 사느냐 죽느냐 하는 절체절명의 순간이 닥치면 치열함이 생기는 것이니 오히려 거기에서 활로가 생긴다.

조용히 기다리다가 재빨리 공격하라

是故로 政擧之日에 夷關折符하여 無通其使하고
시 고   정 거 지 일   이 관 절 부   무 통 기 사

勵於廊廟之上하여 以誅其事하나니라
여 어 랑 묘 지 상   이 주 기 사

敵人開闔이면 必亟入之하여 先其所愛하고 微與之期하며
적 인 개 합   필 극 입 지   선 기 소 애   미 여 지 기

踐墨隨敵하여 以決戰事니
천 묵 수 적   이 결 전 사

是故로 始如處女하고 敵人開戶면 後如脫兎하여 敵不及拒니라
시 고   시 여 처 녀   적 인 개 호   후 여 탈 토   적 불 급 거

그러므로 적국과의 전쟁이 결정되면, 국경의 관문을 봉쇄하고 통행
증을 폐기하며 사신이 왕래하지 못하게 한다. 조정에서는 힘을 기울
여 전략 전술에 대해서 신중하게 검토한다. 그리고 일단 적이 허점
을 드러내면 기회를 잡아서 신속하게 침공한다. 먼저 적이 가장 중요
하게 여기는 요충지를 기습 점령한 다음, 적의 행동이나 정세 변화에
따라서 전술을 바꿔 전쟁의 승패를 결정짓는다. 그러므로 전투가 시
작되기 전까지는 처녀처럼 조용하고 침착하고 조심하여 적의 경계
심을 늦추어 문을 열게 만들고, 전투가 시작되면 마치 덫에서 벗어난
토끼처럼 재빠르게 출격하여 적이 미처 저항하지 못하게 만든다.

해설

이 단락에서는 원정할 때의 전쟁 원칙에 대해 설명하고 있는데, 승리를 위해서는 수단과 방법을 가리지 않는 '교능성사巧能成事'의 전술처럼 교묘함이 핵심이다. 이는 처음에는 처녀처럼 조용히 행동하다가 적이 빈틈을 보이면 덫에서 빠져나와 달아나는 토끼처럼 재빠르게 공격하라는 것으로, 기만술과 속도술이 분명하게 드러난다.

제12편

화공 火攻

「화공火攻」편에서는 고대의 전투에서 무척 중요시하고 활용도가 높았던
불로 하는 공격을 다섯 가지 종류로 나누고
그 실시 방법과 필수 조건을 말하고 있다.
손무 이전에도 전쟁에 화공을 이용한 사례는 많았으므로,
이론적 체계 외에 특별히 주목할 만한 병법은 없다.
다만 1편 「시계始計」의 첫머리에서
전쟁이란 나라의 존망을 좌우하는 것이므로 신중해야 한다는 논지를
마지막에 다시 언급한 것이 돋보인다.

화공의 다섯 가지 유형

孫子曰　凡火攻에　有五하니
손 자 왈　범 화 공　유 오

一曰火人이요　二曰火積이요
일 왈 화 인　　이 왈 화 적

三曰火輜요　四曰火庫요　五曰火隊니라
삼 왈 화 치　사 왈 화 고　　오 왈 화 대

行火에　必有因하고　煙火에　必素具하며
행 화　필 유 인　　연 화　필 소 구

發火에　有時하고　起火에　有日하나니
발 화　유 시　　기 화　유 일

時者는　天之燥也요　日者는　月在箕壁翼軫也니
시 자　천 지 조 야　　일 자　월 재 기 벽 익 진 야

凡此四宿者는　風起之日也라
범 차 사 수 자　　풍 기 지 일 야

손자가 말하였다.

무릇 불로 하는 공격에는 다섯 가지 방법이 있다. 첫째, 적의 군사와
말을 불태우는 것이다. 둘째, 적의 식량창고를 불사르는 것이다. 셋
째, 적의 수송차량을 불태우는 것이다. 넷째, 적의 창고를 불사르는
것이다. 다섯째, 적의 부대나 진영을 불태우는 것이다.

불을 사용하는 데에는 반드시 일정한 조건이 있고, 불을 붙이는 장비는 반드시 평소에 갖추어야 한다. 불을 놓는 데는 적절한 때가 있고, 불이 일어나는 데는 적절한 날이 있다. 적절한 때란 건조한 날씨를 말함이요, 적절한 날은 달이 기성箕星, 벽성壁星, 익성翼星, 진성軫星에 있는 날을 뜻한다. 무릇 이 네 별자리의 날은 바람이 일어난다.

해설

불로써 적의 대군을 섬멸한 예로는 적벽대전을 들 수 있겠다. 당시 조조는 83만 명의 대군을 이끌고 패주하는 유비군을 추격하고 있었다. 위기에 몰린 유비는 제갈량을 오나라에 사절로 보내어 손권과 동맹을 맺는다. 손권은 조조와의 운명적인 결전을 앞두고 주유를 총사령관으로 기용하였다. 싸움에 앞서 부장 황개가 주유에게 계책을 말한다.

"지금 아군은 적군에 비해 수적으로 열세입니다. 따라서 지구전을 치른다면 불리합니다. 조조의 함선은 머리와 꼬리가 서로 이어져 있습니다. 불로써 이를 공격한다면 무찌를 수 있습니다."

황개는 조조에게 항복한다는 서신을 보낸 후, 열 척의 배에 마른 나무와 기름을 싣고 나아갔다. 조조의 대군은 이들의 항복을 의심치 않고 바라보았다. 그러나 황개의 배들은 가까이 오면서 불을 놓아 조조의 함선으로 돌진하였다. 바로 이 순간 하늘도 오나라를 돕는 듯 동남풍이 거세게 불었다. 불은 조조의 선단으로 옮겨 붙어 이내 아수라장이 되고 만다. 배에 타고 있던 군사와 말들이 타죽거나 물에 빠지는 혼란이 일어난 것이다. 주유의 본대가 이 기회를 놓치지 않고 거세게 몰아붙이자, 조조의 대군은 마침내 크게 패하고 만다.

또한 형주를 지키던 관우가 여몽의 계략에 말려들어 패사하자, 그 원한을 갚기 위해 쳐들어 온 유비의 군대를 무찌른 것도 오나라 육손의 화공이었다. 육손은 무협, 건평에서 이릉까지 150여 리에 걸쳐 진을 친 유비군에 대해 방어에만 치중하며, 때가 오기를 기다렸다.

봄이 가고 여름이 오자 유비의 군대도 기세가 꺾이고 해이해지기 시작했다. 총사령관 육손은 이 틈을 타 예하부대에 공격 명령을 내린다. 그는 군사마다 띠 한 묶음을 지니고 촉의 40여 군데 진영을 일시에 불태우게 했다. 뜻밖의 화공을 당한 유비군은 변변히 싸워보지도 못한 채 무너지고 만다.

불의 변화에 따른 화공 방법

凡火攻이 必因五火之變하여 而應之니
범 화 공　　필 인 오 화 지 변　　이 응 지

火發於內면 則早應之於外하고
화 발 어 내　　즉 조 응 지 어 외

火發而其兵靜者면 待而勿攻하고
화 발 이 기 병 정 자　　대 이 물 공

極其火力에 可從而從之하고 不可從而止니라
극 기 화 력　　가 종 이 종 지　　불 가 종 이 지

火可發於外면 無待於內하고 以時發之하되
화 가 발 어 외　　무 대 어 내　　이 시 발 지

火發上風이면 無攻下風하고 晝風久면 夜風止니
화 발 상 풍　　무 공 하 풍　　주 풍 구　　야 풍 지

凡軍은 必知有五火之變하여 以數守之하나니라
범 군　　필 지 유 오 화 지 변　　이 수 수 지

故로 以火佐攻者는 明하고 以水佐攻者는 强하나니
고　　이 화 좌 공 자　　명　　이 수 좌 공 자　　강

水可以絶이요 不可以奪이니라
수 가 이 절　　불 가 이 탈

화공은 반드시 다섯 가지 불의 변화에 따라 알맞게 대처해야 한다. 첫째, 불이 적의 진영 안에서 일어나면 즉시 밖에서 이에 호응해야 한다. 둘째, 불이 났는데도 적군이 침착하면 조급하게 공격하지 말고 상황을 지켜보면서 기다려야 한다. 불길이 가장 치열해졌을 때 공격이 가능한 상황이면 공격을 하고, 공격이 불가능한 상황이면 공격을 포기해야 한다. 셋째, 적진 밖에서 불을 지를 수 있다면 적진 안에서 불이 일어나기를 기다리지 말고 제때에 질러야 한다. 넷째, 바람이 불어오는 쪽에서 불이 일어날 때에는 바람을 받는 쪽에서 공격해서는 안 된다. 다섯째, 낮에 바람이 오래 불면 밤에는 바람이 그치게 된다. 무릇 군대는 반드시 다섯 가지 불의 변화를 파악하고, 이를 술수術數로 하여 스스로를 지켜야 한다. 그러므로 불로써 공격을 도우려면 슬기로워야 하고, 물로써 공격을 도우려면 강인해야 한다. 수공으로는 적을 차단할 수는 있지만 빼앗을 수는 없다.

해설

화공이란 것을 다섯으로 나누어 그 불길이 올랐을 때 적의 진형에 생기는 변화를 잘 보고 현명하게 대응책을 취하지 않으면 안 된다. 상대의 진중에서 불길이 올랐다면 이것은 적중에 아군의 첩자가 있어 이쪽의 공격을 요하려는 것이므로 우물쭈물하지 말고 바로 외부에서 공격을 개시해야 한다. 그러나 불길이 올랐는데도 적병들이 떠들거나 당황하는 행동을 보이지 않는다면 섣불리 공격하지 말고 잠시 형편을 살펴보아야 한다. 불길이 세차게 오르느냐 또는 가라앉느냐에 따라 공격을 하거나 보류해야 할 것이다. 차라리 적진 밖에서 불을 지르는 편이 좋다고 판단되었을 때는 적진에서 불길이 일어나기를 기다릴 것 없이 시각과 풍향 등을 판단하여 적당한 방법을 취하는 편이 좋다.

또 불길이란 바람이 부는 쪽으로 번져 나가게 마련이다. 그러므로 아래쪽에서 공격을 개시했다간 오히려 아군이 큰 불길에 휩싸여서 고전을 면치 못할 경우도 생길 것이므로 바람의 방향을 반드시 염두해야 한다. 그리고 낮 동안 바람이 계속해서 불며 그치지 않을 때는 반드시 밤에 바람이 그친다는 것을 알아둘 필요가 있다.

다섯 가지의 변화를 감안해야 하는 화공이 상대를 공격하는 수단이 됨은 반대로 아군이 받을 수 있는 공격의 수단이 되기도 한다. 그러므로 이 점에 대해서 충분한 지식을 가지고 있어야 함과 동시에 그때그때의 실정에 맞게 적용시켜서 만전의 경계를 갖추어야 한다.

수공 역시 비슷한 보조수단으로 강력한 것이다. 그러나 수공은 양도 · 탈출 · 연락 · 구원 · 출격 등을 봉쇄할 수는 있으나 상대가 가지고 있는 것을 못 쓰게 하는 데는 부적당한 것이다. 이것이 화공과 수공의 다른 점이다.

실라가 없는 전쟁은 의마가 없다

夫戰勝攻取라도 而不修其功者는 凶하니 命曰 費留라
부전승공취　　이불수기공자　흉　　명왈 비류

故로曰 明主는 慮之하고 良將은 修之니
고　왈 명주　여지　　양장　수지

非利不動하고 非得不用하며 非危不戰이니라
비리부동　　비득불용　　비위부전

主不可以怒而興師하고 將不可以慍而致戰이니
주불가이노이흥사　　장불가이온이치전

合於利而動하고 不合於利而止니라
합어리이동　　불합어리이지

怒可以復喜하며 慍可以復悅이로되
노가이부희　　온가이부열

亡國은 不可以復存이요 死者는 不可以復生이라
망국　불가이부존　　사자　불가이부생

故로 明君은 愼之하고 良將은 警之하나니
고　명군　신지　　양장　경지

此는 安國全軍之道也라
차　안국전군지도야

무릇 싸워서 이기고 공격하여 빼앗아도 얻은 이익이 없다면 흉한 것이다. 이를 가리켜 비류費留, 인명과 재산을 허비하면서 머물러 있는 것이라고 한다. 따라서 슬기로운 임금은 이를 깊이 생각하고, 훌륭한 장수는 온전하게 다스린다. 그래서 유리하지 않으면 움직이지 않고, 얻는 바가 없으면 병력을 사용하지 않으며, 위태롭지 않으면 싸우지 않는다.

군주는 노여움 때문에 군사를 일으켜서는 안 되며, 장수는 성이 난다고 전투를 해서는 안 된다. 이득에 맞으면 행동하고 이득에 맞지 않으면 행동해서는 안 된다. 노여움은 다시 기꺼움이 될 수 있고 성냄은 다시 즐거움이 될 수가 있지만, 망한 나라는 다시 세울 수 없고 죽은 사람은 다시 살아날 수 없는 것이다. 따라서 지혜로운 군주는 전쟁에 신중하고, 뛰어난 장수는 싸움에 앞서 깊이 경계한다. 그것이 곧 나라를 안전하게 하고 군대를 보전하는 방도이다.

해설

싸우면 이겨야 하고, 공격하면 뭔가 얻는 것이 있어야 한다. 싸워도 이기지 못하고 공격하고도 취하지 못한다는 것은 희생을 감수하고도 얻은 게 없으니 최악인 것이다. 전쟁으로 인한 인명과 물자의 손실은 나라에 큰 부담이 된다. 따라서 현명한 군주와 훌륭한 장수는 이를 삼가고 경계하였다. 사실 여러 차례 전쟁을 하여 승리를 얻어도 이익을 얻은 나라는 적은 반면 피폐해진 나라는 많았다. 그만큼 승리를 지킨다는 것은 어렵고 또한 소모전으로 이어져 끝내 나라를 망하게 하는 것이다.

제13편

용간用間

적을 아는 것을 승리의 전제조건으로 삼은 만큼
「용간用間」 편에서는 첩자 활용의 중요성과
다섯 종류 첩자의 이용 방법, 첩자의 임무,
특히 적이 보낸 첩자를 역이용하는 반간反間의 중요성에 대해 논하고 있다.
『손자병법』의 전체 주제인 지피지기知彼知己의 핵심이 여기에서 드러난다.

用間

첩보의 중요성

孫子曰　凡興師十萬하여　出兵千里면
손자왈　범흥사십만　　출병천리

百姓之費와　公家之奉이　日費千金이요
백성지비　　공가지봉　　일비천금

內外騷動하고　怠於道路하여　不得操事者는　七十萬家라
내외소동　　　태어도로　　　부득조사자　　칠십만가

相守數年에　以爭一日之勝이니
상수수년　　이쟁일일지승

而愛爵祿百金하여　不知敵之情者는　不仁之至也요
이애작록백금　　　부지적지정자　　불인지지야

非人之將也며　非主之佐也며　非勝之主也라
비인지장야　　비주지좌야　　비승지주야

故로　明君賢將이　所以動而勝人하여　成功出於衆者는　先知也니
고　　명군현장　　소이동이승인　　　성공출어중자　　선지야

先知者는　不可取於鬼神하고　不可象於事하며　不可驗於度하니
선지자　　불가취어귀신　　　불가상어사　　　불가험어도

必取於人하여　知敵之情者也니라
필취어인　　　지적지정자야

손자가 말하였다.

무릇 10만의 군사를 동원하여 천리를 원정하자면 백성의 비용이나 나라의 군사비가 하루에 천금이 소비된다. 또한 나라의 안팎이 소란스레 움직이며, 백성들 중에는 물자 수송에 지치고 생업에 종사하지 못하는 이가 70만 호나 된다. 이런 상태로 버티기를 수년 동안 해도 승패는 단 하루 만에 결판이 난다. 그럼에도 불구하고 벼슬과 봉록으로 주는 백금을 아끼어 적의 사정을 알려고 하지 않는 것은 매우 어질지 못한 짓이다. 이런 사람은 군사들을 이끌 장수의 그릇이 못되고, 군주를 보좌할 자격도 없으며, 승리의 주역도 될 수 없다.

따라서 지혜로운 군주와 훌륭한 장수가 군대를 움직이면 반드시 승리하고, 남보다 뛰어난 공을 세우는 것은 적의 정황을 먼저 알았기 때문이다. 적의 정황은 귀신에게 물어서 될 일도 아니며, 경험에서 배울 수 있는 것도 아니고, 법도에 의해 시험해볼 수 있는 것도 아니다. 오직 첩자를 통해 적의 정황을 아는 것이다.

해설

전쟁은 이미 첩보전에서 그 승패가 판가름이 난다고 해도 지나친 말은 아닐 것이다. 적의 실정을 제대로 파악한 후에야 필승의 전략을 세울 수 있기 때문이다. 그러므로 강대국일수록 첩보활동에 심혈을 기울이며, 거기에 드는 비용을 아끼지 않는다. 유능한 첩보원이 빼낸 적의 일급비밀은 전쟁 시 수많은 아군의 생명을 구할 수도 있고, 또한 수십만의 원군 못지않은 위력을 지닐 수도 있다. 역사상 유명한 장군들의 승리도 알고 보면 첩보활동에 크게 의존했던 경우가 많다.

다섯 종류의 첩자

故로 用間에 有五하니 有鄕間하고 有內間하며
고 　용간 　유오 　　유향간 　　유내간

有反間하고 有死間하며 有生間이라
유반간 　　유사간 　　유생간

五間이 俱起하되 莫知其道니 是謂神紀요 人君之寶也라
오간 　구기 　　막지기도 　시위신기 　인군지보야

鄕間者는 因其鄕人而用之하고 內間者는 因其官人而用之하며
향간자 　인기향인이용지 　　내간자 　인기관인이용지

反間者는 因其敵間而用之하고
반간자 　인기적간이용지

死間者는 爲誑事於外하여 令吾間으로 知之而傳於敵也요
사간자 　위광사어외 　　　영오간 　　지지이전어적야

生間者는 反報也라
생간자 　반보야

따라서 첩자를 쓰는 방도에는 다섯 가지가 있으니 향간鄕間, 내간內間, 반간反間, 사간死間, 생간生間이 그것이다. 다섯 가지 첩자를 한꺼번에 활동하게 해도 적은 그 사실을 알지 못하니 이를 신묘해서 추측하기 어려운 도라고 하며, 군주의 보배라고 하는 것이다. 향간은 적의 고을의 사람을 꾀어내어 이용하는 것이다. 내간은 적군의 관리를 꾀어내어 이용하는 것이다. 반간은 적의 첩자를 꾀어내어 역이용하는 것이다. 사간은 거짓 정보를 적군의 첩자에게 믿게 하여 이를 적에게 전하도록 하는 것이다. 생간은 적지에 들어갔다가 되돌아와 보고하는 것이다.

해설

첩자는 그 성격상 향간, 내간, 반간, 사간, 생간, 이 다섯 가지로 나눌 수 있다. 향간은 적국의 지방 사람을 매수하여 정보를 얻는 경우다. 이런 사람은 아군의 입장에서는 상당히 쓸모 있는 존재다. 내간은 적국의 공직자를 매수하는 경우다. 그는 직무와 관련된 기밀을 알고 있으므로 그 정보 가치는 매우 소중한 것이다. 또한 그가 고위직 관리라면 적국의 정책을 아군에 유리하게 시행할 수도 있을 것이다. 반간은 적이 보낸 첩자를 역이용하는 경우다. 즉 아군의 거짓 정보를 적의 첩자에게 주어 그가 다시 그쪽에 전하도록 하는 것이다. 사간이란 아군에 침투한 적의 첩자에게 거짓 정보를 흘려주어 그가 다시 이를 적국에 들어가 전하도록 하는 경우다. 생간은 적국에 잠입하여 정보를 수집한 후 살아 돌아와 이를 보고하는 경우다. 예컨대 몽골의 칭기즈칸은 서역의 상인들을 정보원으로 이용하였다. 이들은 장사를 빙자하여 적국에 잠입한 후 돌아와 수집한 정보를 몽골군에게 제공하였다. 칭기즈칸의 위대한 무훈도 생간의 활약에 크게 의존한 셈이다.

첩자의 중요성

故로 三軍之事에 莫親於間하고
고 삼군지사 막친어간

賞莫厚於間하며 事莫密於間이니라
상막후어간 사막밀어간

非聖知면 不能用間하고 非仁義면 不能使間하며
비성지 불능용간 비인의 불능사간

非微妙면 不能得間之實이니 微哉微哉라
비미묘 불능득간지실 미재미재

無所不用間也요
무소불용간야

間事未發을 而先聞者면 間與所告者는 皆死하나니라
간사미발 이선문자 간여소고자 개사

그러므로 삼군의 일 중에서 첩자와의 관계보다 더 친밀한 게 없고,
상은 첩자에게 주는 것보다 더 후한 게 없으며, 일은 첩자의 그것보
다 더 기밀스러운 게 없다. 성인의 슬기가 아니면 첩자를 쓸 수가 없
고, 인의가 아니면 첩자를 부리지 못하며, 세심하고 치밀하게 살필 줄
모르면 첩자의 실효를 거둘 수가 없으니 미묘하고도 미묘한 것이다.
전쟁에 첩자가 이용되지 않은 곳은 없다. 그러나 첩자 활동의 기밀이
미리 새어버리면 그 첩자와 알린 자는 모두 죽임을 당한다.

적의 형편을 정탐하는 일에는 어차피 희생이 따르게 마련이다. 따라서 첩보 활동에 종사하는 사람들이 사명감과 보람을 느낄 수 있도록 그 책임자는 지원과 배려를 아끼지 말아야 한다. 그리고 수집된 정보의 진위를 분석하는 일에도 남다른 지혜와 판단력이 요구되는 것이다. 왜냐하면 적이 일부러 흘린 거짓 정보도 있기 때문이다. 또한 적의 첩보망을 일망타진하고 우리 측의 기밀이 새어나가지 않도록 조처하는 것도 중요한 일이다. 이런 업무의 책임자는 뛰어난 두뇌와 수완을 갖추어야 할 것이다.

상대를 세세하게 파악하라

凡軍之所欲擊과 城之所欲攻과 人之所欲殺에
범 군 지 소 욕 격   성 지 소 욕 공   인 지 소 욕 살

必先知其守將과 左右와 謁者와 門者와 舍人之姓名이요
필 선 지 기 수 장   좌 우   알 자   문 자   사 인 지 성 명

令吾間으로 必索知之니라
영 오 간   필 색 지 지

적의 부대를 공격하거나, 적의 성을 공략하거나, 적국의 중요한 인물을 제거하고자 할 때에는 반드시 미리 아군의 첩자를 시켜 대상 지역의 수비 장수, 보좌관, 심부름꾼, 문지기, 호위병의 이름까지도 알아내야 한다.

해설

공격할 상대가 정해지면 그에 관해 중점적으로 알아내야 한다. 공격 시간, 공격 장소, 공격 방법 등을 정하기 전에 반드시 알아내어 참고해야 한다. 높은 성을 공격해야만 할 때 정보 없이 공격한다면 백전백패일 것이다. 공격을 가해야 할 곳을 조사하는 것은 지극히 당연한 일이다. 적국의 중요한 인물을 제거하고자 할 때 대상 지역의 수비 장수, 보좌관, 심부름꾼, 문지기, 호위병의 이름까지도 알아내라는 것은 그만큼 사소한 정보도 놓치지 말아야 함을 의미한다.

必索敵人之間이 來間我者하여 因而利之하며 導而舍之하나니
필색적인지간　내간아자　　인이리지　　도이사지

故로 反間을 可得而用也며 因是而知之라
고　　반간　　가득이용야　　인시이지지

故로 鄕間과 內間을 可得而使也며 因是而知之라
고　　향간　　내간　　가득이사야　　인시이지지

故로 死間이 爲誑事하여 可使告敵이며 因是而知之라
고　　사간　위광사　　　가사고적　　　인시이지지

故로 生間을 可使如期니 五間之事는 主必知之며
고　　생간　가사여기　　오간지사　　주필지지

知之必在於反間이니 故로 反間을 不可不厚也라
지지필재어반간　　　고　　반간　불가불후야

적의 첩자로 와서 아군을 살피는 자를 반드시 찾아내어 더 큰 이익으로 회유하여 적국으로 돌려보냄으로써 반간을 얻어 이용할 수 있다. 이 첩자로 말미암아 적의 실정을 알게 되므로 향간, 내간을 구하여 부릴 수 있다. 이로써 적국의 여러 가지 일을 알게 되므로 사간에게 허위 정보를 주어 적에게 전할 수 있는 것이다. 이 반간에 의해 적의 실정을 알게 되므로 생간을 보내어 기일 내로 돌아와 아뢰게 할 수 있다.

다섯 가지 유형의 첩자에 관한 일은 군주라면 반드시 알고 있어야만 한다. 첩자의 운용 중에서도 가장 중요한 것은 반간의 활용 방법이다. 그러므로 반간을 후대하지 않으면 안 된다.

해설

적의 첩자를 찾아내어 이익으로 꾀어내고 우리 편이 되도록 회유해야 한다. 이런 반간을 이용하면 적국에 우리의 첩보망을 만들 수도 있고, 적의 대응 태세에 혼란과 차질을 일으키게 할 수도 있다. 사간을 통하여 적에게 허위 정보를 제공하는 일이나, 생간에 의한 정보 수집의 성공 여부도 반간이 그 열쇠를 쥐고 있는 셈이다. 그러므로 군주와 장수는 반간에 대한 보수와 배려에 소홀함이 있어서는 안 된다.

유능한 장수는 첩자를 잘 활용한다

昔殷之興也에 伊摯在夏하고 周之興也에 呂牙在殷이니
석 은 지 흥 야   이 지 재 하   주 지 흥 야   여 아 재 은

故로 惟明君賢將이라야 能以上智로 爲間者하여 必成大功하나니
고   유 명 군 현 장   능 이 상 지   위 간 자   필 성 대 공

此는 兵之要요 三軍之所恃而動也라
차   병 지 요   삼 군 지 소 시 이 동 야

옛날 은나라가 흥성할 때 이지伊摯는 하나라에 있었고, 주나라가 흥
성할 때 여아呂牙는 은나라에 있었다. 따라서 총명한 군주와 유능한
장수는 뛰어난 지략으로 첩자를 활용하여 반드시 큰 공적을 이룰 수
있었다. 이것이 용병의 주요한 핵심으로, 삼군이 그를 믿고 움직이게
되는 것이다.

해설

상나라 탕왕이 하나라의 걸왕을 정벌할 때 참모 이지는 큰 공을 세운다. 그는 원래
하나라 출신으로 그쪽의 실정을 잘 파악하고 있었던 것이다. 주나라 무왕이 은나라
주왕을 멸할 때 참모 여상은 큰 역할을 한다. 그는 본디 은나라 사람으로 그쪽의 내
막을 잘 알고 있었다. 걸왕과 주왕은 사람을 알아보는 안목이 없었으므로 끝내 큰
인물을 적대 세력에 넘겨주고 만 셈이다. 군주와 장수는 뛰어난 지혜로써 유능한 첩
보원을 기용하여 정보를 수집해야 한다. 이는 최소의 희생과 비용으로 최대의 전과
를 거두는 방도일 것이다. 따라서 손무는 첩보 활동을 용병의 핵심으로 보고 있는
것이다.

인생의 절반쯤 왔을 때 읽어야 할 손자병법

초판 25쇄 발행 2022년 11월 10일
개정판 1쇄 인쇄 2023년 3월 20일
개정판 5쇄 발행 2024년 2월 23일

지은이 손무
옮긴이 박훈

펴낸이 이효원
편집인 음정미
디자인 별을 잡는 그물
마케팅 추미경
펴낸곳 탐나는책
출판등록 2015년 10월 12일 제 2021-000142호
주소 경기도 고양시 덕양구 삼송로 222, 101동 305호(삼송동, 현대헤리엇)
전화 070-8279-7311 **팩스** 02-6008-0834
전자우편 tcbook@naver.com

ISBN 979-11-89550-95-0 (03140)